LA ATLANTIDA EN ESPAÑOL

Explora los Misterios de una de las Ciudades
Pérdidas más Famosas de la Historia

TERENCE SANTOS

© Copyright 2022 – Terence Santos - Todos los derechos reservados.

Este documento está orientado a proporcionar información exacta y confiable con respecto al tema tratado. La publicación se vende con la idea de que el editor no tiene la obligación de prestar servicios oficialmente autorizados o de otro modo calificados. Si es necesario un consejo legal o profesional, se debe consultar con un individuo practicado en la profesión.

- Tomado de una Declaración de Principios que fue aceptada y aprobada por unanimidad por un Comité del Colegio de Abogados de Estados Unidos y un Comité de Editores y Asociaciones.

De ninguna manera es legal reproducir, duplicar o transmitir cualquier parte de este documento en forma electrónica o impresa.

La grabación de esta publicación está estrictamente prohibida y no se permite el almacenamiento de este documento a menos que cuente con el permiso por escrito del editor. Todos los derechos reservados.

La información provista en este documento es considerada veraz y coherente, en el sentido de que cualquier responsabilidad, en términos de falta de atención o de otro tipo, por el uso o abuso de cualquier política, proceso o dirección contenida en el mismo, es responsabilidad absoluta y exclusiva del lector receptor. Bajo ninguna circunstancia se responsabilizará legalmente al editor por cualquier reparación, daño o pérdida monetaria como consecuencia de la información contenida en este documento, ya sea directa o indirectamente.

Los autores respectivos poseen todos los derechos de autor que no pertenecen al editor.

La información contenida en este documento se ofrece únicamente con fines informativos, y es universal como tal. La presentación de la información se realiza sin contrato y sin ningún tipo de garantía endosada.

El uso de marcas comerciales en este documento carece de consentimiento, y la publicación de la marca comercial no tiene ni el permiso ni el respaldo del propietario de la misma.

Todas las marcas comerciales dentro de este libro se usan solo para fines de aclaración y pertenecen a sus propietarios, quienes no están relacionados con este documento.

Índice

Introducción	vii
1. La Atlántida Revelada	1
2. Hiperbórea	33
3. Lo Que Se Necesita Para Hacer Desaparecer Una Civilización Entera	39
4. ¿Cómo Fue Posible?	45
5. Otras Civilizaciones Entrelazadas	73
6. Rastreando El Pasado	93
7. Dar La Vuelta A Lo Que Creíamos Saber	123
8. Las Cosas Que Perdimos En El Agua	147
Conclusión: Cuanto Más Sabemos	157

Introducción

Atlántida es un lugar conocido para todo consumidor de literatura, cine o libros de historia. La idea de la isla perdida considerada una sociedad utópica y avanzada cuya sabiduría pudo haber traído al mundo la paz y armonía ha cautivado a ocultistas y soñadores por generaciones. Mucho se ha escrito sobre ella y muchos han gastado fortunas y sacrificado sus vidas por buscarla.

Los orígenes de esta historia se conocen, a diferencia de muchas otras leyendas cuyo inicio es una incógnita. Fue mencionada y descrita por primera vez en los Diálogos de Timeo y Critias, textos de Platón que datan de unos 330 años a.C. Es paradójico que hoy muchos hablen de ella como una utopía pacífica, cuando las notas de Platón (de acuerdo a la Encyclopedia of Dubious Archaeology, literalmente traducida como "Enciclopedia de la Arqueología Dudosa") del arqueólogo Ken Feder, "Atlántida no es un lugar para admirar e imitar, ni la sociedad perfecta;

es lo contrario, Atlántida es la encarnación de una nación próspera, tecnológicamente avanzada y militarmente poderosa que se corrompió precisamente por su bonanza económica, sofisticación y poder". La Atlántida, en conclusión, es más la leyenda de una ciudad rival de Atenas que una civilización sumergida. Y si hoy existiera de verdad, sus habitantes y regentes probablemente tratarían de conquistar y someter al resto de la humanidad.

La conclusión es que Platón creó Atlántida como un elemento literario ficticio, debido a que no hay rastros de ella en ninguna otra parte del mundo. No existe evidencia de ninguna parte del mundo de que la Atlántida existió antes de que el célebre filósofo escribiera sobre ella… ¿o sí? Respondamos a ello en este libro.

1

La Atlántida Revelada

AUNQUE EL SIGLO XX nos ha traído algunos de los avances científicos más increíbles de los que ha sido testigo la humanidad, no debemos descartar los fantásticos logros y maravillas tecnológicas que dejaron las civilizaciones humanas del pasado. Aparte de los numerosos monumentos megalíticos que dejó la antigüedad, también hay muchas maravillas más pequeñas del antiguo ingenio que se enfrentan a nuestra conciencia y demuestran las excepcionales capacidades tecnológicas de nuestros antepasados.

Las excavaciones realizadas en la isla griega de Santorini (Thera) revelaron que la ciudad de Akrotiri, de la Edad de Bronce, de 3.600 años de antigüedad, contaba con avanzadas estructuras habitacionales de varios niveles y con fontanería interior, completa con alcantarillado y líneas de suministro de agua caliente y fría.

. . .

Este descubrimiento es increíble porque hasta hace poco teníamos la impresión de que fueron los romanos los primeros en utilizar esa tecnología, casi 1.500 años después.

¿Y el Mecanismo de Anticitera (un dispositivo extremadamente complejo diseñado para calcular las posiciones astronómicas en cualquier momento)? Se encontró en el fondo del mar Egeo, cerca de la isla griega de Anticitera, de ahí su nombre. Fabricado con varias ruedas de bronce y otros componentes mecánicos hace más de 2.000 años, este dispositivo es tan increíble que, a primera vista, parece un aparato del siglo XX. De hecho, cuando se descubrió por primera vez, se confundió como tal. Una radiografía del mecanismo reveló que no se conocía la existencia de instrumentos de esta complejidad al menos hasta el siglo XVII.

No está del todo claro quién diseñó y construyó este extraordinario dispositivo ni cómo se perdió esta tecnología después. Calificado por los científicos como el primer ordenador mecánico de la historia, esta increíble hazaña de ingeniería requería que su constructor tuviera conocimientos avanzados de astronomía, así como diversos conocimientos de mecánica y fabricación de máquinas.

Tras 75 años descifrando el mecanismo, los investigadores llegaron a la conclusión de que el antiguo aparato se utilizaba como un tipo de reloj, basado en una visión geocéntrica del universo.

Sin embargo, en lugar de horas y minutos, mostraba la hora celeste y tenía agujas diferentes para el Sol, la Luna y los cinco planetas visibles a simple vista (Mercurio, Venus, Marte, Júpiter y Saturno). Una bola giratoria mostraba la Luna, mientras que la fase de los diales en la parte posterior actuaba como calendario y mostraba los eclipses lunares y solares. Las leyendas explicaban qué estrellas salían y se ponían en una fecha determinada. Lo más increíble de este mecanismo es que la precisión de los engranajes mecánicos, que mostraban con exactitud todos los movimientos planetarios, se basaba en las matemáticas.

Cabe preguntarse hasta qué punto era preciso el antiguo ordenador. Se cree que el movimiento planetario tenía una precisión de un grado en 500 años. El profesor Michael Edmunds, de la Universidad de Cardiff, que dirigió el estudio más reciente del mecanismo, dijo Este dispositivo es simplemente extraordinario, único en su género. El diseño es hermoso, la astronomía es exacta. La forma en que está diseñada la mecánica te deja con la boca abierta. Quienquiera que haya hecho esto, lo ha hecho con sumo cuidado... en términos de valor histórico y de escasez, tengo que considerar que este mecanismo es más valioso que la Mona Lisa".

Otro de los muchos artefactos aún inexplicables que no deja de suscitar dudas y suscita muchos debates entre la comunidad científica es la famosa Batería de Bagdad.

Esta versión primitiva de una pila moderna, hecha con recipientes de arcilla, tubos de cobre y el líquido alcalino adecuado, podía producir electricidad hace casi 2.000 años.

En 1938, mientras trabajaba en Khujut Rabu, a las afueras de Bagdad, en el actual Irak, el arqueólogo alemán Wilhelm Konig desenterró el antiguo artefacto, una vasija de arcilla de 15 centímetros de largo que contenía un cilindro de cobre que encerraba una varilla de hierro. El recipiente mostraba signos de corrosión, y las primeras pruebas revelaron que en él debía almacenarse un agente ácido, como el vinagre o el vino. Muchas réplicas realizadas a lo largo del tiempo, incluso por estudiantes universitarios, demostraron que las pilas de Bagdad podían conducir realmente una corriente eléctrica.

. . .

Nadie sabe realmente para qué servía la electricidad producida por estas pilas ni de dónde procedía este conocimiento. Hasta su descubrimiento, teníamos la impresión de que la tecnología de las pilas era un invento del siglo XVIII.

Otro antiguo invento de los griegos que condujo al "descubrimiento" de la moderna máquina de vapor fue el eolípilo, también conocido como motor de Hero. El eolípilo, descrito detalladamente por Héroe de Alejandría en el siglo I a.C., se considera la primera máquina de vapor o dispositivo de turbina de vapor de reacción de la que se tiene constancia.

El nombre -derivado de la palabra griega Aiodog (Eolo) y la palabra latina pila- se traduce como "la bola de Eolo", siendo Eolo el dios griego del aire y el viento. El mecanismo era una simple turbina de vapor radial que gira cuando se calienta el recipiente central de agua. El par motor lo producen los chorros de vapor que salen de la turbina, de forma parecida a un motor de cohete.

Con cada nuevo hallazgo, sin duda, nuestros antepasados siguen demostrando que, hace varios milenios, tenían muchos conocimientos y estaban más avanzados tecnológicamente de lo que les hemos atribuido. Sin embargo, ¿cómo llegaron a tener sus increíbles conocimientos?

¿Cómo podían poseer habilidades que, hasta hace poco, creíamos adquiridas durante la Revolución Industrial? ¿Eran realmente habilidades nuevas, o es posible que evolucionáramos mucho antes en el tiempo y desarrolláramos lentamente muchas de nuestras capacidades tecnológicas a lo largo de milenios, mucho antes de nuestra historia registrada? Si es así, si realmente nuestros antepasados avanzaron miles de años antes de lo que los antropólogos pensaban, ¿qué pasó con todo el desarrollo humano del pasado?

La historia de un "Gran Diluvio" enviado por Dios (o los dioses, según testimonios muy anteriores) para destruir a la humanidad por sus "pecados" es un relato muy extendido y compartido por muchas religiones y culturas de todo el mundo, y se remonta a nuestra primera historia registrada.

Desde la India hasta la antigua Grecia, pasando por Mesopotamia, e incluso entre las tribus indias de Norteamérica, no faltan estos relatos que a menudo suenan muy parecidos. Algunos de estos relatos suenan tan parecidos que cabe preguntarse si todas las culturas del mundo han vivido un acontecimiento semejante.

¿O es posible que se hayan influido mutuamente a través de los relatos a lo largo de los milenios? ¿Es posible que todos los relatos sobre el diluvio que se repiten con tanto celo en todo el mundo sean un conjunto de mitos o incidentes aislados? ¿O fue el Diluvio Universal un único cataclismo mundial que afectó a toda la humanidad en un momento de nuestra prehistoria? Aunque las pequeñas catástrofes aisladas pueden estresar y atemorizar por igual a las poblaciones afectadas, su efecto general es de corta duración, y suelen desaparecer de la memoria en décadas, si no en años.

Sin embargo, en el caso del Gran Diluvio tenemos una historia que parece no tener límites y en la que todas las culturas antiguas insisten en su carácter mundial. Sin embargo, ¿cuán grande y destructiva fue una catástrofe que logró grabarse en la memoria colectiva de nuestros antepasados durante miles de años? A juzgar por los testimonios compartidos, no sólo debió de ser un acontecimiento que afectó a todo el mundo simultáneamente, sino que, para que se convirtiera en algo permanente en la psique humana, debió de ser una experiencia que persistió no sólo durante días o meses, sino durante varias generaciones.

Hoy en día, aunque la ciencia acepta que las inundaciones regionales afectaron efectivamente a muchas poblaciones antiguas a lo largo de los milenios, sigue negando que hubiera un único diluvio que afectara a todas las civilizaciones del planeta a la vez. Mientras tanto, como el tipo, la cronología y la magnitud de tal acontecimiento siguen siendo muy debatidos, actualmente circulan varias teorías científicas sobre el Gran Diluvio, y siguen apareciendo más de vez en cuando.

En los últimos años, y según un estudio publicado en 1997 por William Ryan y Walter Pitman, la historia del Gran Diluvio se relacionó con la "inundación repentina" del Mar Negro. Según su hipótesis, hacia el año 5.600 a.C., el deshielo de los glaciares -junto con otros factores hidrológicos importantes que incluían el caudal de los ríos y las fuertes lluvias- hizo que el nivel del mar Mediterráneo subiera tan rápidamente que acabó inundando violentamente el mar Negro, convirtiéndolo en la masa de agua que conocemos hoy.

Ryan y Pitman especularon que la inundación del Mediterráneo se produjo a través de una enorme cascada, casi doscientas veces mayor que la de las cataratas del Niágara, que vertió diariamente 10 millas cúbicas de agua de mar en el Mar Negro durante 300 días. Cuando terminó, 60.000 millas cuadradas alrededor del Mar Negro habían quedado sumergidas.

Esta fue la mejor evidencia que tuvimos durante casi una década para explicar la historia del Gran Diluvio. Aunque se trata más bien de un diluvio regional, no cabe duda de que un acontecimiento de este tipo podría haber destruido por completo cualquier civilización establecida en torno al Mar Negro durante este período y, con razón, podría haber sido calificado de Gran Diluvio por quienes lo experimentaron.

Sin embargo, por desgracia para el equipo de Ryan y Pitman, otro estudio realizado desde entonces informó de forma diferente. Aunque la investigación posterior estuvo de acuerdo con la premisa de que el Mar Negro se inundó, contradijo la gravedad de la inundación, así como el tiempo cronológico del evento. En 2005, la Unión Internacional de Ciencias Geológicas y un equipo científico ucraniano y ruso, entre los que se encontraba Valentina Yanko-Hoback, llevaron a cabo un proyecto de investigación bajo el patrocinio de la UNESCO. En 2009 publicaron que la inundación del Mar Negro fue un evento más gradual y menos catastrófico para la vida humana de lo que se pensaba. Y lo que es más importante, se determinó que el incidente tuvo lugar antes cronológicamente y mucho más cerca del 8.000 a.C. En esencia, este estudio confirmó que la inundación del Mar Negro no tuvo la horrible devastación asociada a la pérdida de vidas humanas y, a diferencia de las estimaciones anteriores, este acontecimiento tuvo lugar durante nuestra prehistoria.

Pero si no es la inundación del Mar Negro, ¿qué otra catástrofe regional, o mejor aún, mundial, puede llamarse la Gran Inundación? Sin duda, fue la subida de los océanos al final de la última Edad de Hielo, más concretamente la subida brusca de los océanos en torno al 8.000 a.C., lo que provocó primero la inundación del Mediterráneo y, en última instancia, la del Mar Negro. Ese fue el acontecimiento único y duradero que remodeló drásticamente las costas de nuestro planeta y el que afectó simultáneamente a todas las civilizaciones costeras del mundo de la época.

Si las pasadas épocas de hielo e inundaciones periódicas, a lo largo de millones de años, no consiguieron añadir salinidad al agua dulce del Mar Negro (un lago de agua dulce hasta ese momento), entonces, sin duda, la última inundación global, alrededor del 8.000 a.C., debió ser la "mayor" inundación de todos los tiempos.

Aunque las condiciones meteorológicas adversas, los tsunamis o las inundaciones provocadas por huracanes pueden causar graves destrozos varios kilómetros tierra adentro, los efectos de estos desastres son siempre temporales. Sin embargo, la importante subida de los océanos -una catástrofe mundial que borró millones de kilómetros cuadrados de tierras áridas en todo el planeta- debió ser el acontecimiento del día del juicio final del que todas las culturas hablan hasta hoy sin darse cuenta.

. . .

La Atlantida en Español

Incluso cuando a primera vista la subida gradual de los océanos no parece cumplir los criterios como el evento detrás de la leyenda del Gran Diluvio, un incidente responsable de que el nivel del mar se elevara globalmente en más de 400 pies, seguramente tuvo muchos episodios aleatorios cuando la inundación era impredecible. Si se tiene en cuenta que los seres humanos, por naturaleza, tienden a establecerse en elevaciones más bajas y cerca del agua, no cabe duda de que todas las civilizaciones prehistóricas fueron devastadas por este acontecimiento. Debió ser un periodo de reubicación y ajuste constante, ya que la gente seguía buscando continuamente terrenos más altos para reconstruir y nuevos valles para cultivar y mantener esos asentamientos.

Para rebatir esta teoría, al menos hasta hace poco, los antropólogos insistían en que hace 10.000 años, los humanos eran demasiado primitivos para haber sido conscientes de tal acontecimiento. Así que, en esencia, como no había civilizaciones conocidas en esa época que pudieran haberse visto afectadas por esta catástrofe natural, se pensó que la historia del Gran Diluvio era un mito o una catástrofe que había tenido lugar más tarde en el tiempo, durante nuestra historia registrada. Por supuesto, como no hay indicios de cataclismos globales durante nuestra historia registrada, esto llevó una vez más a su eventual conclusión de que el Gran Diluvio era un mito o un incidente regional mucho más pequeño como la inundación del Mar Negro.

. . .

Durante muchos años, esta fue la "lógica" general que dominó muchas mentes académicas y el mayor desafío a la teoría del diluvio de la Edad de Hielo cuando se planteó esta hipótesis.

Por cierto, todo esto cambió en 1994 con el descubrimiento arqueológico de Gobekli Tepe, un megasitio de 12.000 años de antigüedad en el sureste de Turquía, y unos años más tarde, en 2002, con el descubrimiento de una ciudad de 10.000 años de antigüedad encontrada sumergida bajo 130 pies de agua frente a la costa de la India occidental en el Golfo de Cambay. En este caso, varias generaciones de pescadores insistieron en las historias de una ciudad submarina en esa zona. Sin embargo, sus afirmaciones pasaron desapercibidas hasta que el lugar fue descubierto accidentalmente durante las pruebas de estudio de la contaminación realizadas por el Instituto Nacional de Tecnología Oceánica de la India. Con el uso de un sonar de barrido lateral, que envía un haz de ondas sonoras al fondo del océano, los científicos descubrieron enormes estructuras geométricas a una profundidad de unos 120 pies.

Los restos del dragado y los más de dos mil artefactos recuperados en el lugar, entre los que se encontraban materiales de construcción, cerámica, secciones de muros, cuentas, esculturas y huesos humanos, fueron datados con carbono y se determinó que tenían aproximadamente 10.000 años de antigüedad.

Los arqueólogos determinaron posteriormente que la ciudad sumergida, que se extendía a lo largo de las orillas de un antiguo cauce, presentaba sorprendentes similitudes con los yacimientos de la Civilización del Valle del Indo en tierra firme. Una de sus estructuras, una piscina de tamaño olímpico, tenía una serie de escalones hundidos que se parecían al Gran Baño de Mohenjo Daro. Otra plataforma rectangular tenía 200 metros de largo y 45 de ancho, tan grande como la acrópolis encontrada en Harappa.

Los científicos estiman ahora que esta ciudad de 16 kilómetros cuadrados se hundió después de la última Edad de Hielo, cuando el deshielo hizo que los océanos de todo el mundo aumentaran considerablemente.

Se trata de un hallazgo increíble. Este descubrimiento no sólo ayuda a reescribir algunas de las primeras páginas de nuestra historia, sino que, lo que es más importante, confirma antiguos testimonios sobre anteriores civilizaciones perdidas.

. . .

Por supuesto, además de estos dos notables descubrimientos recientes, no ignoremos el hecho de que otros varios yacimientos arqueológicos fechados entre el noveno y el décimo milenio antes de Cristo demuestran que la humanidad había avanzado mucho antes de lo que se pensaba.

La antigua ciudad de Jericó, cuyas estructuras se remontan al décimo milenio a.C.; el asentamiento de Hallan Cemi, en Turquía, fechado en el 9.500 a.C.; y el de Jerf el Ahmar, en Siria, que data de alrededor del 9.600 a.C., no sólo demuestran que los humanos se habían organizado mucho antes, sino que las pruebas de estos yacimientos muestran que estos asentamientos se adelantaron a su tiempo. En Jerf el Ahmar, por ejemplo, el equipo arqueológico descubrió más de cuarenta casas bien conservadas, un número increíble de este periodo, que revelan una evolución de las estructuras habitables circulares a las rectangulares. Los arqueólogos también descubrieron pequeñas placas de terracota con símbolos mnemotécnicos grabados 5.000 años antes de la aparición de la escritura y granos, como el trigo, que indican los primeros rastros de cultivo. De hecho, los investigadores concluyeron que Jerf el Ahmar se dedicaba a la elaboración de cereales a gran escala mucho antes de la domesticación de los mismos. El cultivo de la cebada y la producción sistemática de alimentos a partir de cereales silvestres en este asentamiento se iniciaron en torno al 9.000 a.C., casi mil años antes de lo que se pensaba.

Sin duda, este descubrimiento no sólo prueba que los humanos habían avanzado mucho antes, sino que demuestra que estas personas habrían sido plenamente conscientes de cualquier acontecimiento cataclísmico, como la subida de los océanos y la inundación del Mediterráneo, en torno al 8.000 a.C.

Teniendo en cuenta todos los últimos descubrimientos, ¿es posible hoy en día suponer que una inundación mundial, hace aproximadamente 10.000 años, pudo ser la que nuestros antepasados calificaron como el Gran Diluvio? Ciertamente, sí. La ciudad sumergida frente a la costa occidental de la India, junto con las antiguas ciudades nombradas anteriormente, no sólo confirman que hace 10.000 años los seres humanos estaban más avanzados y, por tanto, eran conscientes de esta particular catástrofe natural, sino que además prueban que la crecida de las aguas, sobre todo entre el 8.000 a.C. y el 7.500 a.C., devastó muchas civilizaciones prehistóricas y destruyó la mayoría de las pruebas de su existencia.

En un estudio publicado en Current Anthropology en diciembre de 2010, titulado "New Light on Human Prehistory in the Arabo-Persian Gulf Oasis" (Nueva luz sobre la prehistoria humana en los oasis del Golfo Pérsico), Jeffrey Rose, arqueólogo e investigador de la Universidad de Birmingham del Reino Unido, señaló que sesenta asentamientos muy avanzados surgieron de la nada alrededor de las costas del Golfo Pérsico hace unos 7.500 años.

Estos asentamientos contaban con casas de piedra bien construidas, redes de comercio a larga distancia, cerámica elaborada y signos de animales domesticados.

Al no existir poblaciones precursoras conocidas en el registro arqueológico que expliquen la existencia de estos asentamientos avanzados, Rose concluyó finalmente que los habitantes de estos nuevos asentamientos eran los de poblaciones desplazadas que consiguieron escapar de la inundación del golfo alrededor del 8.000 a.C.

A medida que más y más pruebas apuntan hacia esa conclusión, ¿es tan difícil imaginar que un cataclismo mundial de ese tipo pudo ser lo que borró nuestra historia primitiva? Si no es así, ¿cómo podemos justificar el surgimiento de varias civilizaciones avanzadas en todo el planeta, que parecen aparecer misteriosamente de la nada desde los albores de nuestra historia registrada? De la noche a la mañana, estos pueblos resultaron ser maestros de la arquitectura y la astronomía y, de alguna manera, poseían increíbles habilidades tecnológicas que ni los historiadores ni los antropólogos pueden explicar del todo. ¿Es posible que, debido a la falta de pruebas tangibles, los primeros eruditos no consiguieron establecer la conexión y reconocer que muchas de estas culturas habían avanzado miles de años antes y antes del Gran Diluvio? ¿Es tan difícil aceptar que las increíbles estructuras megalíticas y los logros tecnológicos de nuestra primera historia registrada fueron esencialmente parte de una era de "renacimiento" anterior que comenzó una vez que terminó el ascenso de los océanos?

Por último, con todos los indicios que apuntan a que más ciudades hundidas en todo el planeta pueden estar esperando a ser descubiertas (como Pavlopetri, una ciudad de 5.000 años de antigüedad encontrada sumergida en el sur de Grecia, o Atlit Yam, una ciudad neolítica de 11.000 años de antigüedad frente a la costa de Israel), ¿podemos asumir con seguridad que la subida de los mares puede haber sido el cataclismo que destruyó otra civilización legendaria, como la de la Atlántida?

Después de todo, no pasemos por alto el hecho de que otros supuestos "lugares míticos" de la antigüedad resultaron ser ciertos. Troya, por ejemplo, que durante siglos se pensó que era una creación de la imaginación de Homero, se encontró finalmente en el oeste de Turquía y en el lugar geográfico exacto donde Homero la había situado en su historia. En el caso de Troya, como muchos arqueólogos consagrados se negaron a buscar un lugar tan "mitológico", el peso lo asumió Heinrich Schliemann, un arqueólogo aficionado que acabó descubriendo la legendaria ciudad siguiendo las pistas de localización contenidas en el libro épico de Homero, La Ilíada. ¿Será entonces que el resto de la historia de Homero es real? Una cosa es segura: Tras un análisis exhaustivo del lugar, que llevó varias décadas, los arqueólogos admitieron que los griegos habían quemado Troya hasta los cimientos, tal y como afirmaba Homero en su relato.

Las infames ciudades de Sodoma y Gomorra (también conocidas como Bab-edh-Dhra y Numeira), que, según la Biblia, sufrieron la ira final de Dios, también fueron finalmente descubiertas y son ahora lugares de continuo estudio. Por increíble que parezca, y tal como afirma la Biblia, también hemos llegado a la conclusión de que ambas ciudades fueron destruidas como por el azufre y el fuego. ¿Se trata de otra extraña coincidencia? Aunque los elevados rastros de radiación entre las ruinas plantean preguntas legítimas sobre lo que fue exactamente "azufre y fuego", un hecho permanece: Las ciudades antes imaginarias eran reales, y la descripción primitiva de su desaparición, por muy fantástica que sonara en su día, resultó ser correcta.

Otra de esas ciudades "míticas" mencionadas en el Corán, conocida en Occidente como la "Atlántida de las Arenas", también conocida como Ubar o Iram de los

Pilares, también se encontró en el desierto en algún lugar de la Península Arábiga. Las ruinas de la antigua ciudad, en este caso, se encontraron en 1991, cuando un equipo de investigadores utilizó el sistema de radar Challenger de la NASA para descubrir indicios de la antigua ciudad bajo las arenas del desierto del norte de Dhofar. Más tarde, las expediciones descubrieron ruinas que se remontaban al año 1.000 a.C., y se descubrió que los muros de la fortaleza estaban construidos sobre una enorme cueva de piedra caliza. Al derrumbarse la cueva, la pequeña ciudad fue engullida por las arenas del desierto. Cabe destacar que, hasta el día de hoy, tanto los investigadores como los arqueólogos se preguntan cómo pudo sobrevivir una ciudad como Ubar -y no digamos prosperar- en un páramo de arena. Por supuesto, ésta fue la razón por la que la corriente académica dominante pensó que Ubar debía ser un mito más.

¿Pero qué hay de la Atlántida? ¿Es posible que la historia de Platón, mencionada primero a Solón por los sacerdotes egipcios y luego escrita por Platón hace 2.400 años, fuera real?

Según los egipcios, la Atlántida no sólo era un lugar real, sino que, alrededor del 9.600 a.C., los atlantes eran la potencia dominante en el Mediterráneo, ya que gobernaban varias partes del sur de Europa, el norte de África y Oriente Medio. Por supuesto, no eran la civilización superavanzada que mucha gente durante el siglo XX hizo creer que eran, sino, en el mejor de los casos, una civilización igual de avanzada que la de Platón en aquella época. Sin la tecnología que poseemos hoy en día, Platón explicó que eran navegantes extremadamente innovadores y capaces, que se adentraban con frecuencia en el océano Atlántico para explorar.

Hoy en día, muchas teorías sitúan la Atlántida en lugares como la costa del sureste de Chipre, fuera del Estrecho de Gibraltar en medio del Atlántico, en algún lugar del Triángulo de las Bermudas frente a la costa de Estados Unidos, o incluso en lugares más exóticos como la Antártida o el Océano Pacífico. Por supuesto, los estudios más generalizados apuntan a la pequeña isla de Santorini; la isla de Creta, Malta y España; y otros yacimientos arqueológicos alrededor del Mediterráneo. En general, existen innumerables teorías sobre la ubicación de la Atlántida y cada año parecen surgir más.

Sin embargo, a pesar de las especulaciones científicas y no científicas, dado que todos los supuestos descubrimientos realizados hasta ahora carecen de elementos de la descripción física de Platón o simplemente no se ajustan a la cronología dada por éste, la mayoría de los estudiosos y críticos han llegado a la conclusión de que la historia de la Atlántida de Platón debe ser un mito, o bien Platón debe haber elaborado una historia utilizando una mezcla de elementos reales de épocas posteriores. En cuanto a la isla legendaria, dado que hasta ahora se nos ha escapado un lugar perfectamente coincidente, los historiadores modernos también tienden a pensar que no es real.

¿Es posible entonces que la historia de la Atlántida fuera un producto de la imaginación de Platón? Todo es posible, aunque si la historia no es real, ¿cómo podemos explicar de otro modo las diversas pruebas tangibles que parecen corroborar esta historia? ¿Y qué hay de las propias afirmaciones de Platón? Quince veces en el Timeo y siete en el Critias, Platón insiste directa o indirectamente en que su historia es real. ¿Por qué iba a hacerlo? Sólo en el Timeo, Platón afirmó que la historia que Solón escuchó de un sacerdote egipcio era cierta, no una mera leyenda, sino un hecho.

Aunque evidentemente la insistencia de Platón no hace necesariamente que una historia sea real, debemos preguntarnos por qué puso tanto énfasis en ello, a no ser que realmente quisiera que su público le creyera y no descartara la historia como un mero mito.

En conclusión, la mejor prueba para demostrar la existencia de la Atlántida es localizar la propia isla legendaria. Tal descubrimiento no sólo validaría la afirmación de Platón, sino que, lógicamente, ayudaría a poner fin al actual debate entre escépticos y creyentes. Sin embargo, si la isla de la Atlántida es real, ¿por qué han fracasado todos los esfuerzos anteriores por encontrarla? Aunque la tarea de localizar una isla hundida no es precisamente fácil, teniendo en cuenta nuestras capacidades tecnológicas, ¿no deberíamos haber sido capaces de encontrarla ya?

En realidad, hay un par de explicaciones de por qué este descubrimiento nos ha eludido hasta ahora. En primer lugar, un problema importante para resolver este misterio fue, sin duda, la posición pesimista de la comunidad científica sobre el tema y su negativa a aceptar que una civilización de 12.000 años de antigüedad pudiera ser posible. A lo largo de los años, varios descubrimientos y hallazgos recientes que demostraban que los seres humanos habían avanzado mucho antes de lo que se pensaba, tuvieron poco o ningún efecto para persuadir a la corriente académica dominante de que siguiera con el tema. En consecuencia, dado que la mayoría de los investigadores y arqueólogos se mantuvieron a una distancia segura de un tema "radiactivo" como el de la Atlántida, la historia de Platón y su descubrimiento quedaron finalmente en manos de autores marginales y arqueólogos aficionados.

Así, durante el siglo XX, con tantas variaciones de la historia de Platón producidas por autores de ficción, para muchos creyentes, la Atlántida resultó ser erróneamente esa civilización ultramoderna tecnológicamente más avanzada que la nuestra.

La Atlántida en Español

. . .

Otro problema que a menudo complicaba la búsqueda era nuestra incapacidad para leer y traducir con precisión la historia de Platón del griego antiguo al inglés sin permitir que interfirieran los entendimientos personales. Simples errores e interpretaciones defectuosas realizadas por los primeros traductores llevaron a muchos en el pasado a buscar la Atlántida en todos los lugares equivocados. Este fallo en la traducción correcta de la historia de Platón y nuestra incapacidad para aplicar más el sentido común al leer el texto de Platón hicieron que nuestra búsqueda fuera aún más difícil de lo que tenía que ser. Sencillamente, si (según Platón) la Atlántida era la potencia dominante dentro del Mediterráneo, ¿no debería esta revelación por sí sola llevar a la suposición lógica de que, como isla, debería haber estado también en algún lugar dentro del Mediterráneo?

Por otra parte, la mera mención de otra gran isla/continente al otro lado del Atlántico, fuera de las Columnas de Hércules (una que Platón describió como "más grande que Libia y Asia juntas"), suele despertar la imaginación de la gente, así como su tendencia natural a ir en busca de cosas más grandes y emocionantes.

Este impulso interno suele hacer que muchas personas pasen por alto las pistas tangibles más pequeñas y vayan tras esa "gran isla" al otro lado del Atlántico, ya que "lo más grande siempre es mejor". Esto se parece a la fábula de El perro y su reflejo, en la que un perro lleva un pequeño hueso, mira hacia abajo mientras cruza un arroyo y ve su reflejo en el agua. Pensando que su reflejo era otro perro que llevaba un hueso más grande, el perro abre la boca para coger el hueso más grande del "otro" perro y, al hacerlo, deja caer y pierde el hueso que llevaba.

De hecho, cuando se examina detenidamente el documento y se traduce con precisión, vemos que Platón no dijo que la Atlántida estuviera situada al otro lado del Atlántico, sino que señaló el hecho de que los atlantes fueron capaces de cruzar por fuera de las Columnas de Hércules (Estrecho de Gibraltar) hacia el Atlántico, y siguiendo las islas que "abarcaban ese verdadero océano", pudieron llegar a otra "gran isla", o mejor aún, a un continente al otro lado del Atlántico, más grande que Libia y Asia juntas.

Antes de intentar dar sentido a un documento traducido, los que no estén familiarizados con el griego antiguo deben saber que la estructura sintáctica de la lengua que utilizó Platón tiene una estructura muy diferente a la del inglés que solemos utilizar para traducirlo. Por ejemplo, la simple frase inglesa "the queen began to talk" se traduce al griego como "comenzó a hablar, la reina".

. . .

Lo que suele parecer extraño a quienes intentan aprender griego por primera vez es la inversión del adjetivo posesivo con respecto al sustantivo. Del mismo modo, este tipo de inversiones textuales también pueden darse en la secuencia de oraciones completas. Por ejemplo, en una cláusula independiente, un elemento acentuado, es decir, pronunciado con énfasis o contrastivo, en griego antiguo va generalmente al principio de la cláusula, raramente al final. La posición intermedia la ocupa un elemento que no recibe ningún énfasis especial. En una serie de cláusulas, sin embargo, un elemento destacado va al principio de su cláusula si se relaciona con el contexto anterior y al final si se relaciona con el siguiente.

En otras palabras, el verdadero énfasis del siguiente texto traducido del Timeo (24e) debe ponerse en la primera frase del primer párrafo, así como en la primera y la última frase del segundo (resaltadas en negrita y cursiva). El resto del texto de cada párrafo proporciona información de apoyo y debe leerse en último lugar (aunque para un lector inglés eso parezca desafiar la lógica). Porque se relata en nuestros registros cómo una vez tu Estado detuvo el curso de una poderosa hueste que, partiendo de un punto distante en el Océano Atlántico, avanzaba insolentemente para atacar a toda Europa, y a Asia por añadidura.

. . .

(Pues) el Océano que era entonces navegable; ya que frente a la boca que vosotros los griegos llamáis, como decís, "las Columnas de Hércules" [Estrecho de Gibraltar] había una isla que era más grande que Libia y Asia juntas; y a los viajeros de entonces les era posible cruzar de ella a las otras islas y de las islas a todo el continente de enfrente que abarca el verdadero océano.

En este caso, y en contra de lo que muchos suponen automáticamente, al leer el texto antiguo en la estructura sintáctica adecuada, Platón no señala la dirección de la Atlántida a través del océano. Como se ha explicado anteriormente, la frase "su estado se mantuvo en el curso de una poderosa hueste" es donde se debe poner el énfasis al principio de la cláusula. Mientras que en esta frase Platón revela la gran proximidad de la Atlántida a Grecia, en el resto de la frase describe poéticamente el poderío de la Atlántida y su capacidad que se extendía por todo el mundo hasta un "punto distante", y otro continente, al otro lado del océano. Una vez que ilustra al público sus increíbles capacidades, describe su naturaleza audaz y guerrera y sus planes de "avanzar contra toda Europa y Asia".

La misma regla se aplica al analizar el resto del texto. En este caso, la revelación de un continente al otro lado del océano no es donde debe ponerse el énfasis. Como se ha explicado anteriormente, en una serie de oraciones de una cláusula, los elementos destacados suelen colocarse al principio o al final de la misma.

La parte central de una cláusula está ocupada por elementos que deberían recibir menos énfasis. Según esta regla, la revelación de que "el océano Atlántico era navegable" en su momento, al principio del segundo párrafo, y la explicación de cómo los atlantes pudieron llegar a otro continente a través del océano saltando de isla en isla (al final de la cláusula), es donde debe ponerse el énfasis y no en el propio continente mencionado en el centro de la cláusula (la parte a la que muchos se dirigen automáticamente). En este caso, la frase del medio proporciona información de apoyo y simplemente revela lo enorme que es el continente al otro lado del océano.

No saber dónde debe colocarse el énfasis en una cláusula puede causar mucha confusión, ya que a menudo, y dependiendo de dónde vaya el énfasis, pueden surgir dos significados distintos de un mismo párrafo. A veces, incluso una sola coma puede hacer que una frase corta tenga dos significados diferentes cuando se trata del griego antiguo. Un ejemplo es una famosa cita del Oráculo de Delfos. "Ve, vuelve y no mueras en la guerra" puede tener dos significados opuestos, dependiendo de dónde deba estar la coma que falta: antes o después de la palabra "no".

. . .

En resumen, cuando una historia del griego antiguo se traduce al inglés, las frases traducidas pueden requerir un "reposicionamiento" adecuado para que un lector inglés le dé un mejor sentido.

Por ejemplo, al entender la estructura sintáctica de la lengua griega y cómo "leerla" correctamente, el segundo párrafo anterior de Platón, para un lector inglés, debería aparecer como sigue (Porque) el Océano que en aquel tiempo era navegable; y era posible para los viajeros de aquel tiempo cruzar desde ella (la isla de la Atlántida) a las otras islas, y desde las islas a todo el continente frente a ellas que abarca el verdadero océano... pues frente a la boca que vosotros los griegos llamáis, como decís, "las Columnas de Hércules", había un continente que era más grande que Libia y Asia juntas.

Visto en este contexto, el continente del otro lado del océano ya no es el lugar de origen de los atlantes, sino un destino.

Aquí, Platón describe la fuerza de la Atlántida al describir su increíble capacidad para viajar por medio mundo. Explica que, mediante el salto de islas (probablemente desde Escocia a las Islas Feroe, pasando por Islandia y Groenlandia), los atlantes podían llegar a otro gran continente al otro lado del Atlántico, el que se encuentra al otro lado de las Columnas de Hércules. ¿Qué continente se encuentra al otro lado del Atlántico, al otro lado del Estrecho de Gibraltar? El continente americano, por supuesto. Fue el continente americano el que Platón dijo que era más grande que Libia y Asia juntas y no el de la Atlántida como muchos interpretaron erróneamente e incluso hasta el día de hoy siguen interpretando.

A pesar de lo inquietante que resulta para algunos la revelación de que los antiguos griegos conocían el continente americano miles de años antes de su "descubrimiento" por Cristóbal Colón, debemos recordar que incluso mucho antes en el tiempo, eran plenamente conscientes de que la Tierra era redonda y no plana, como muchas civilizaciones europeas suponían en aquella época. El Mecanismo de Anticitera es un testimonio de ese conocimiento avanzado.

Sin embargo, hay más pruebas del siglo IV a.C. que indican que los griegos, junto con los fenicios y posiblemente otros, conocían el continente americano en esa época.

El mapamundi de Piri Reis, que lleva el nombre de su autor, un almirante turco y renombrado cartógrafo (1465-1553), dibujado en 1513, apenas dos décadas después del descubrimiento de América por Cristóbal Colón, representa la costa occidental de África, Europa, así como todo el continente americano por el lado del Atlántico. Sin embargo, según Piri Reis, su controvertido mapa se basó en otras cartas, muchas de las cuales se remontan al siglo IV antes de Cristo.

Aunque el famoso mapa no se aproxima en absoluto a una imagen de satélite, sigue representando correctamente los continentes de ambos lados del Atlántico, aunque con un gran defecto.

Muestra el cuerno de América del Sur girando bruscamente hacia el este, casi en un ángulo de noventa grados, como si América del Sur "envolviera" el Atlántico en la parte inferior del mapa. Aunque, por supuesto, algunos especulan que el cuerpo horizontal de esa tierra podría ser el de la Antártida, de ahí la controversia, ya que la Antártida no se descubrió hasta 300 años después, los escépticos señalan que la Antártida nunca estuvo conectada a Sudamérica.

Aunque la controversia en el mapa de Piri Reis disminuye significativamente sin la Antártida en él, la existencia de este mapa todavía ayuda a reforzar un par de suposiciones hechas anteriormente. Si, honestamente, Piri Reis tomó prestado de otros mapas antiguos que se remontan al siglo IV a.C., entonces incuestionablemente, esto refuerza la sugerencia de que Platón, en el 360 a.C., podría haber sido consciente del continente americano para incluirlo en su historia. Además, ¿es posible que el aparente defecto del mapa de Piri Reis, que muy probablemente también aparecía en los originales mucho más antiguos, explique por qué Platón tenía la falsa impresión de que el inmenso continente al otro lado de las Columnas de Hércules "abarcaba" (envolvía) el océano Atlántico?

Sin embargo, otros indicios no sólo apuntan a que los antiguos griegos conocían el enorme continente al otro lado del Atlántico, sino que, al parecer, también estaban familiarizados con la región que rodea el Círculo Polar Ártico, en esencia, el puente roto que conecta el norte de Europa y América del Norte. Llamaban a esta tierra Hiperbórea, una palabra griega que significa literalmente "extremadamente al norte". ¿Es esto posible? Al fin y al cabo, la propia Groenlandia, una de las paradas insulares que conducen a América del Norte, se encuentra al borde del Círculo Polar Ártico.

Aunque los escépticos en el pasado desecharon esta sugerencia como una hipótesis imposible, curiosamente, los griegos también documentaron que Hiperbórea era un territorio virgen tan al norte que el Sol allí brilla las 24 horas del día. Todos sabemos que el único lugar del norte donde el Sol no se pone nunca, al menos seis meses al año, es la región situada por encima del Círculo Polar Ártico, un territorio al que no se puede acceder fácilmente, sobre todo durante los meses de invierno. Casualmente, el poeta Píndaro (522 a.C.-443 a.C.) escribió que "ni en barco ni a pie se encontraría el maravilloso camino hacia la asamblea de los hiperbóreos", una afirmación que corrobora aún más la inaccesibilidad de esta región.

2

Hiperbórea

Así que, si se tiene en cuenta que la ubicación de este lugar es "extremadamente al norte", en algún lugar donde el Sol nunca se pone, y el hecho de que el terreno de esta región es inaccesible a pie o en barco (obviamente debido al océano Ártico congelado), ¿en qué otro lugar de la Tierra puede estar un lugar como este? ¿Puede ser Hiperbórea un producto de la imaginación, o es posible que haya algo de verdad en esta historia, como en otras historias que nos han llegado de la antigua Grecia, que implicaban lugares reales envueltos en elementos fantásticos? Por ejemplo, el palacio de Cnosos, asociado al Minotauro (una bestia mítica mitad hombre y mitad toro); la ciudad de Troya, relacionada con una guerra épica librada por semidioses; y el monte Olimpo, que se creía ocupado por dioses. ¿Pero qué pasa con Hiperbórea? ¿Es posible que los griegos consiguieran navegar tan al norte, o ese conocimiento les fue transmitido por otros?

. . .

Según los historiadores, hace más de 4.000 años, los minoicos de la Edad de Bronce viajaban regularmente hasta Escocia y las islas Orcadas para comerciar con productos. Si es así, ¿es inconcebible suponer que, a lo largo de varios siglos de idas y venidas, pudieran haber llegado a Groenlandia (el límite de Hiperbórea), que está a un par de cortas escalas de la isla? Además, si esos antiguos navegantes consiguieron llegar a Groenlandia saltando de isla en isla, ¿podemos suponer además que pudieron ir un poco más allá y llegar finalmente a Norteamérica, que está a la vuelta de la esquina? Si no es así, ¿cómo podría Platón haber sabido que una serie de islas acaba conectando el norte de Europa con América del Norte? Y, en consecuencia, ¿podría este hecho explicar mejor por qué Platón tenía la impresión de que el enorme continente al otro lado de las Columnas de Hércules "abarcaba" (rodeaba) el Océano Atlántico?

Un artículo publicado en el New York Times el 10 de octubre de 1982 habla de un antiguo naufragio romano y de otros artefactos encontrados en una bahía cerca de Río de Janeiro. Este hallazgo, por supuesto, no sólo corrobora la idea de que los griegos y los fenicios siguieron a los minoicos y llegaron al continente americano durante los siglos IV y III a.C., sino que los romanos les siguieron después.

. . .

En la bahía de Guanabara, a 15 millas de Río de Janeiro, se ha encontrado una gran acumulación de ánforas, o jarras altas, del tipo que llevaban los barcos romanos en el siglo II a.C., según el arqueólogo Robert Marx, conocido cazador de tesoros hundidos.

El navegante portugués Pedro Álvarez Cabral es el primer europeo que llegó a Brasil, en el año 1500. El Sr. Marx dijo que las autoridades portuguesas estaban tratando de impedir que Brasil le concediera un permiso para excavar el pecio que él cree que está enterrado allí. Al igual que el bidón de 5 galones, las ánforas son jarras altas que se estrechan hasta el fondo y suelen tener dos asas. Tal como las describe el Sr. Marx, eran para los antiguos griegos, romanos y fenicios lo que el bidón de cinco galones era para las unidades móviles en la Segunda Guerra Mundial. Se utilizaban para transportar vino, aceite, agua o grano en viajes largos...

Según el Dr. Harold E. Edgerton, del Instituto Tecnológico de Massachusetts, pionero de la fotografía submarina que ha trabajado mucho con el Sr. Marx, las ánforas son definitivas, tanto en lo que se refiere a la edad en que se utilizaron como a la identidad de los usuarios. Contactado por teléfono, el Dr. Edgerton dijo de las calificaciones del Sr. Marx: "Para mí es tan fiable como se puede".

. . .

Casi 40 años después, otro descubrimiento y otro artículo publicado en Armstrong Economics el 11 de abril de 2019, transmiten aún más que los antiguos romanos pueden haber sido visitantes regulares del Nuevo Mundo.

Ha habido descubrimientos de monedas romanas en Japón, así como en América del Norte. Incluso se ha producido el descubrimiento de una espada romana en Terranova.

Ahora, un buscador de tesoros con un detector de metales descubrió siete monedas romanas que aparecieron en una playa de la región de Tampa. Se trata de una prueba fehaciente de que debió de haber un naufragio romano en la costa de Tampa o en sus proximidades. Estas monedas son del siglo IV de la era de Constantino. Son de bronce y no son especialmente raras. En tal estado, carecen realmente de valor. Sin embargo, parece que ciertamente hubo barcos romanos que cruzaron el Atlántico mucho antes incluso de los vikingos, y no menos de Colón.

Por increíble que puedan parecer estas revelaciones a algunas personas, hay más pruebas que demuestran que los minoicos, al igual que los atlantes de Platón antes que ellos, también eran visitantes habituales del Nuevo Mundo.

. . .

¿Podría ser esto una mera coincidencia? Supongamos que ambas culturas pudieron viajar a América siguiendo la misma ruta. ¿Es posible considerar que los atlantes podrían haber sido una cultura proto-minoica que se derrumbó con la aparición de los océanos, para luego reformarse y recomenzar como una civilización completamente nueva, al menos a los ojos de los primeros historiadores?

Si es así, ¿es posible que la subida de las aguas no sólo arrastrara a la Atlántida, sino que también borrara el vínculo que une a estas dos culturas? Más adelante, otras pruebas ponen de manifiesto esta conexión.

3

Lo Que Se Necesita Para Hacer Desaparecer Una Civilización Entera

Para visualizar mejor cómo una civilización establecida puede desmoronarse, sólo para resurgir siglos o milenios más tarde, debemos recordar que un solo acontecimiento relativamente insignificante en comparación (como la caída de Roma, por ejemplo) llevó a la humanidad a la edad oscura durante más de mil años. Durante este periodo, todo el conocimiento humano del pasado parece haberse perdido de alguna manera, y la Tierra pasó de ser una esfera a ser plana.

Si se compara este incidente, en cierto modo menor, con el de la subida de los océanos hace 10.000 años (un cataclismo que persistió durante siglos y que, en el proceso, se "tragó" millones de kilómetros cuadrados de tierra costera y, junto con ella, todo el desarrollo humano), entonces es fácil comprender la fuerza que literalmente borró nuestra historia primitiva.

. . .

Un estudio publicado en Science News (4 de diciembre de 2010) titulado "Global Sea-Level Rise at the End of the Last Ice Age Interrupted by Rapid Jumps" explica mejor que tras el final de la última Edad de Hielo, desde alrededor de 17.000 a.C. hasta 4.000 a.C., el nivel del mar (en promedio) subió un metro por siglo. Sin embargo, el estudio también indicó que los saltos bruscos del nivel del mar marcaron esta subida gradual de los mares a un ritmo de unos 5 metros por siglo. Más concretamente, el estudio demostró que los periodos comprendidos entre el 13.000 y el 11.000 a.C., y entre el 9.000 y el 7.000 a.C., se caracterizaron por una subida anormal del nivel del mar.

A la hora de analizar los cambios climáticos bruscos de los últimos 18.000 años, el periodo comprendido entre el 9.000 a.C. y el 7.000 a.C. resulta especialmente interesante. Dado que los glaciares empezaron a derretirse durante miles de años antes de este periodo, y que las temperaturas empezaron a aumentar progresivamente con cada siglo que pasaba haciendo que el proceso de derretimiento se acelerara, podemos suponer fácilmente que éste debió ser el periodo más activo en cuanto a la subida del nivel del mar.

. . .

Más exactamente, el peor período absoluto debió de ser alrededor del 8.000 a.C. y el crítico "ciclo de inundación" que provocó la crecida del Mar Negro, incidente que marcó el final de este violento período.

Además del agua de deshielo de los glaciares que desembocaba en el Atlántico, dos enormes lagos glaciares de Norteamérica también se abrieron, primero el lago Agassiz y después el lago Ojibway, y empezaron a desaguar en el Atlántico norte. Sólo el lago Agassiz, que cubría una superficie mayor que la de todos los Grandes Lagos modernos juntos (440.000 kilómetros cuadrados), contenía a veces más agua que todos los lagos del mundo actual. Se estima que la inundación causada por el colapso del lago Agassiz puede haber sido la responsable de que el nivel del mar subiera globalmente hasta 9 pies. La salida total de agua dulce de ambos lagos fue tan inmensa que no sólo elevó rápidamente el nivel del mar en todo el mundo en varios pies, sino que este incidente puede haber causado en última instancia el "evento de 8,2 kilo años" que siguió hace aproximadamente 8.200 años (una mini Edad de Hielo que duró hasta cuatro siglos). En México, hace unos 66 millones de años, el impactador Hiawatha también puede haber dejado una huella en la historia del planeta.

El impacto habría sido un espectáculo para cualquier persona en un radio de 500 kilómetros. Una bola de fuego blanca cuatro veces más grande y tres veces más brillante que el sol habría atravesado el cielo. Si el objeto hubiera chocado con una capa de hielo, habría hecho un túnel hasta el lecho de roca, vaporizando el agua y la piedra por igual en un instante.

La explosión resultante tendría la energía de 700 bombas nucleares de 1 megatón, e incluso un observador a cientos de kilómetros de distancia habría experimentado una onda expansiva, un trueno monstruoso y vientos huracanados. Más tarde, los restos de roca podrían haber llovido sobre América del Norte y Europa, y el vapor liberado, un gas de efecto invernadero, podría haber calentado localmente Groenlandia, derritiendo aún más hielo.

La noticia del descubrimiento del impacto ha reavivado un viejo debate entre los científicos que estudian el clima antiguo. "Un impacto masivo en la capa de hielo habría hecho que el agua de deshielo se vertiera en el océano Atlántico, lo que podría interrumpir la cinta transportadora de las corrientes oceánicas y provocar un descenso de las temperaturas, especialmente en el hemisferio norte. ¿Qué significaría para las especies o la vida de la época? Es una gran pregunta abierta", afirma Jennifer Marlon, paleoclimatóloga de la Universidad de Yale.

. . .

A fin de cuentas, fue durante este periodo cuando se perdieron la mayoría de las civilizaciones costeras del planeta, incluidas la ciudad hundida de la India y la de la Atlántida. La continua y rápida subida del mar durante este período (en un promedio de 20 a 30 pies por siglo o más), junto con las condiciones climáticas adversas que acompañaron a este fenómeno, hicieron imposible que los restos de cualquier civilización se restablecieran.

4

¿Cómo Fue Posible?

Todo lo que aprendiste en la escuela sobre cómo se extendió nuestra especie por el planeta es erróneo. Durante décadas, los libros de texto enseñaron que los humanos abandonaron nuestra patria ancestral africana y se extendieron por el mundo a través de las masas continentales que conocemos hoy, llegando a Australia hace menos de 50.000 años y a las Américas hace apenas 13.500 años. Pero hay un vacío del tamaño de un continente en nuestro conocimiento sobre nuestro pasado colectivo que los científicos sólo están empezando a llenar.

Desde el Mar del Norte hasta los trópicos salpicados de islas entre Asia y Australia, desde las gélidas aguas del Estrecho de Bering hasta la soleada Península Arábiga, los paisajes costeros ahora sumergidos estuvieron expuestos y fueron accesibles para nuestros antepasados en múltiples momentos de la prehistoria, incluidos los periodos clave de expansión humana en todo el mundo.

Los kilómetros cuadrados de estas zonas ahora bajo los mares equivalen a los de la moderna Norteamérica.

"Mi opinión es que ciertamente hay yacimientos por ahí", afirma el arqueólogo de la Universidad de York Geoff Bailey. "Algunas de las zonas [que habrían sido] más atractivas para los humanos están ahora bajo el agua".

Los primeros miembros del género Homo surgieron aproximadamente en los albores del Pleistoceno, que comenzó hace unos 2,6 millones de años y terminó con los últimos goteos del último gran deshielo, hace unos 12.000 años. Es, esencialmente, la época de la evolución humana. Al final, sólo quedaba una especie humana, nosotros, y nos habíamos asentado y prosperado en todos los continentes excepto en la Antártida.

Durante el 95 por ciento del tiempo que los humanos han existido, el nivel del mar ha sido más bajo que el actual, normalmente unos 30 metros. En su punto más bajo, el nivel del mar era globalmente unos 400 pies más bajo que el actual.

. . .

Esencialmente, sólo cerca del 7.000 a.C., cuando el nivel de los océanos comenzó finalmente a estabilizarse, la vida humana volvió a la normalidad.

Los sitios costeros ya no tuvieron que ser abandonados por terrenos más altos, y entre el 6.000 y el 5.000 a.C., empezamos a ver signos de actividad humana más cerca del mar una vez más. ¿Es una mera coincidencia que nuestra historia "registrada" comience en esta época? ¿Es cierto que los primeros seres humanos eran demasiado primitivos para dejar huellas de su existencia, o que las primeras páginas de nuestra historia (como demuestran ahora más pruebas) fueron "arrastradas" por el Gran Diluvio de la última Edad de Hielo? Al fin y al cabo, parece que tan pronto como las condiciones climáticas adversas retrocedieron, los humanos no tardaron en volver a prosperar.

En consecuencia, los atlantes de Platón, ahora llamados minoicos por los historiadores modernos (debido a la falta de pruebas precursoras), volvieron a ser esa gran civilización marinera que fueron.

De hecho, un artículo publicado en el UW News (Universidad de Washington) el 14 de mayo de 2013, indicaba que un estudio reciente no sólo identificaba a los minoicos como la primera gran civilización europea, sino que el análisis del ADN confirmaba además que su civilización surgió de la misma cultura proto-minoica que ya vivía en la isla de Creta desde hacía miles de años.

El análisis del ADN está desenterrando los orígenes de los minoicos, que hace unos 5.000 años establecieron la primera civilización avanzada de la Edad del Bronce en la actual Creta. Los hallazgos sugieren que surgieron de una población neolítica ancestral que había llegado a la región más de 4.000 años antes.

A principios del siglo XX, el arqueólogo británico Sir Arthur Evans bautizó a los minoicos con el nombre de un legendario rey griego, Minos. Basándose en las similitudes entre los artefactos minoicos y los de Egipto y Libia, Evans propuso que los fundadores de la civilización minoica emigraron a la zona desde el norte de África. Desde entonces, otros arqueólogos han sugerido que los minoicos podrían proceder de otras regiones, posiblemente Turquía, los Balcanes u Oriente Medio.

Ahora, un equipo de investigadores de Estados Unidos y Grecia ha utilizado el análisis del ADN mitocondrial de los restos óseos minoicos para determinar los probables antepasados de este antiguo pueblo.

. . .

Los resultados publicados el 14 de mayo en Nature Communications sugieren que la civilización minoica surgió de la población que ya vivía en la Creta de la Edad de Bronce.

Los hallazgos indican que estas personas probablemente eran descendientes de los primeros humanos que llegaron a Creta hace más de 9.000 años, y que tienen la mayor similitud genética con las poblaciones europeas modernas.

Así que, como nos dicen, no sólo los minoicos ascendieron de la misma cultura proto-minoica, sino que, al parecer, "la manzana no cayó lejos del árbol". Al igual que los protominoicos (o atlantes, si lo prefieren) consiguieron dejar su huella genética en el continente americano miles de años antes (más pruebas al respecto más adelante), los minoicos también viajaron y comerciaron fuera del Mediterráneo y a menudo trajeron mercancías del Nuevo Mundo, como demuestran algunas pruebas.

Varios indicios en Norteamérica, así como en la isla de Santorini, confirman que, durante la Edad de Bronce, los minoicos no sólo extraían mucho cobre de la zona que rodea el lago Superior, sino que llevaban regularmente tabaco y otras hierbas de América a Santorini. Muchas de las antiguas minas de cobre alrededor de los Grandes

Lagos y principalmente en la península superior de Michigan son un testimonio de aquellos días. Se descubrieron más de cinco mil minas poco profundas, de hasta 6 metros de profundidad, en un área de unos 200 kilómetros de largo por 10 de ancho. La datación por carbono de los artefactos encontrados alrededor de estas minas reveló que éstas estuvieron activas durante la Edad de Bronce, entre el 2.470 a.C. y el 1.050 a.C.

Una prueba de carbono 14 de los restos de madera encontrados dentro de los zócalos de los artefactos de cobre en la Isla Royale y la cercana península de Keweenaw (una región llena de pozos de minas de cobre) indicó que algunas minas de esa zona estuvieron en uso entre el 3.700 a.C. y el 5.000 a.C., si no antes.

Una estimación conservadora indica que alrededor del 3.000 a.C. se extrajeron hasta quinientas mil toneladas de cobre de la península superior de Michigan, una empresa que no puede ser explicada claramente por los historiadores o arqueólogos convencionales. No sólo nadie en el Nuevo Mundo en esa época pudo haber extraído y utilizado el cobre, sino que nunca se encontraron restos significativos de cobre en las Américas para dar cuenta del mineral perdido.

. . .

Así que, aunque los investigadores de hoy en día teorizan sobre la posibilidad de que alguna antigua civilización europea haya utilizado el preciado metal, la única cultura de la Edad de Bronce de la época capaz de navegar hasta las Américas fueron los minoicos post-atlánticos.

Sin embargo, hay más pruebas que vinculan a los minoicos con el Nuevo Mundo. Las antiguas herramientas dejadas en el Lago Superior coinciden con las de los minoicos encontradas en otras minas europeas. Además, el tipo de cobre extraído de Norteamérica, cuando se analiza químicamente, coincide con el producto minoico.

Sin embargo, las pruebas que conectan a los minoicos con América también existen en la isla de Santorini. Las excavaciones arqueológicas realizadas en la isla revelaron que los minoicos también importaban tabaco de Norteamérica. Más concretamente, una excavación en la antigua ciudad de Akrotiri, cerca de lo que era una casa de mercaderes, reveló que un escarabajo del tabaco autóctono de América estaba enterrado bajo la ceniza volcánica de la erupción del 1.600 a.C. Dado que el escarabajo del tabaco, Lasioderma serricorne, sólo era autóctono de América en aquella época, y que históricamente el tabaco no fue introducido a los europeos hasta alrededor del año 1518 (casi 3.000 años después), este hallazgo refuerza aún más la sugerencia de que los minoicos importaban tabaco junto con el cobre del Nuevo Mundo.

. . .

Esta revelación resuelve otro enigma histórico. Explica cómo, durante este periodo, los antiguos egipcios obtenían tabaco y otras especias autóctonas de América. Varias de las primeras pruebas realizadas en momias egipcias revelaron que algunas plantas y hierbas, incluido el tabaco, utilizadas durante el proceso de momificación, eran autóctonas de América Central. Curiosamente, el mismo tipo de escarabajo que se descubrió en Santorini, como "plaga del tabaco almacenado", también se encontró dentro de la momia de Ramsés II (1213 a.C.) y de la tumba del rey Tutankamón (1323 a.C.).

En 1992, más pruebas realizadas por científicos alemanes en varias momias expusieron restos de hachís, tabaco y cocaína en su pelo, piel y huesos. Los resultados fueron una gran sorpresa. A diferencia del hachís, históricamente originario de Asia, el tabaco y la coca eran plantas estrictamente del Nuevo Mundo en la época de la momificación. Para estar seguros de que los resultados no estaban contaminados de alguna manera, o muy probablemente, para permitirse salirse de este controvertido descubrimiento, el equipo alemán contrató a un laboratorio independiente para que volviera a realizar estas pruebas. El laboratorio independiente encontró precisamente las mismas sustancias. De los cientos de momias que analizaron, incluida la de Ramsés II, encontraron restos de nicotina en al menos un tercio de ellas. Este descubrimiento no deja lugar a dudas de que no sólo los antiguos egipcios necesitaban un gran suministro de tabaco, sino que, al parecer, eran los emprendedores minoicos quienes se lo suministraban regularmente.

Sin embargo, la mejor prueba para relacionar a los minoicos y sus antepasados con América, aparte del cobre, el tabaco y otras plantas autóctonas de América, son las pruebas de ADN. Los análisis de ADN demuestran que, en sus esfuerzos por llegar a América, la misma cultura protominoica (a la que Platón se refirió como atlantes) dejó su huella genética. Durante mucho tiempo, los genetistas se preguntaron y debatieron cómo el haplogrupo X, un gen del Mediterráneo oriental, migró a América miles de años antes de que los europeos descubrieran el continente americano.

Más concretamente, ¿cómo se descubrió que algunas tribus de Norteamérica, y sospechosamente las originarias de los alrededores de los Grandes Lagos, como los indios ojibwa y chippewa, eran portadoras de este gen mientras que otras tribus más alejadas no lo eran? El misterio se profundizó cuando los científicos sugirieron que el haplogrupo X mediterráneo podría haber "mutado" entre las tribus norteamericanas hace ya 12.000 años.

. . .

Para los que no estén familiarizados con la genética, según la Sociedad Internacional de Genealogía Genética, un haplogrupo es un grupo de población genética de personas que comparten un ancestro común en su línea paterna o materna. En resumen, cada raza del planeta es clasificada por los científicos según su particular haplogrupo de ADN.

Por ejemplo, todos los indios americanos son portadores de los haplogrupos A, B, C y D. Como los haplogrupos A, C y D también se encuentran principalmente en Asia y el B sobre todo en China y Japón, los antropólogos habían especulado hace tiempo con la posibilidad de que estos cuatro haplogrupos viajaran a América del Norte durante un periodo glaciar en el que los continentes estuvieron conectados por el hielo.

Sin embargo, un estudio más reciente realizado en tribus específicas de nativos americanos de los alrededores de los Grandes Lagos, como los indios iroqueses y algunos otros, reveló que, además de los haplogrupos mencionados que los científicos esperaban encontrar, también eran portadores del haplogrupo X.

Este descubrimiento fue una gran sorpresa porque el haplogrupo X es originario de una zona que incorpora el Mediterráneo oriental, Grecia, Turquía, los territorios palestinos, Siria, Jordania, Líbano, Chipre, muestras. Entre los nativos americanos, el haplogrupo X parece estar restringido a los grupos amerindios del norte, como los ojibwa y los nuu-chah-nulth. El análisis de la red mediana indicó que "algunos fundadores nativos americanos eran de ascendencia caucásica que el ADN del haplogrupo X europeo y el de los nativos americanos", aunque distintos, están sin embargo lejanamente relacionados con cada haplogrupo de ADN X: Un antiguo vínculo entre Europa y otros. Las estimaciones de tiempo para la llegada de X en América del Norte Asia occidental y América del Norte son 12.000-36.000 años atrás.

Sobre la base de un análisis exhaustivo de RFLP, se ha asumido que los fundadores, apoyando así la conclusión de que aproximadamente el 97% de los pueblos de ADN de los nativos americanos que albergan el haplogrupo X estaban entre los originales pertenecen a uno de los cuatro principales linajes de ADNt fundadores, fundadores de las poblaciones nativas americanas.

Hasta la fecha, el haplogrupo designado haplogrupos "A'-"D". Se ha propuesto que un X no se ha identificado sin ambigüedad en Asia, planteando quinto haplogrupo de ADN (haplogrupo X) representa un menor la posibilidad de que algunos fundadores de los nativos americanos fueron de linaje fundador en los nativos americanos. A diferencia de los haplogrupos de ascendencia caucásica*, el haplogrupo X también se encuentra en bajas frecuencias en Consecuentemente, si los pueblos del Mediterráneo oriental llegaron de alguna manera a las poblaciones europeas modernas. Para investigar los orígenes, América hace 10.000 años, ¿por qué sólo las tribus en torno a la diversidad de los Grandes Lagos, y las relaciones continentales de este haplogrupo, son portadoras de este gen? Por otra parte, ¿cómo se las arreglaron los pueblos mediterráneos para realizar el RFLP de alta resolución del ADN y el viaje completo a América del Norte? ¿Es posible, como muchos antropólogos sugieren hoy en día el análisis de la secuencia de la región de control (RC) en 22 nativos putativos, que hace 12.000 años viajaran a América a pie mientras los hielos del haplogrupo X americano y 14 haplogrupos putativos europeos aún conectaban los continentes asiático y americano en el ADN de Bering X.

¿Los resultados identificaron un rasgo de consenso del haplogrupo X? Al fin y al cabo, como se nos dice, así es el motivo de los haplogrupos A, B, C y D que caracterizan a nuestros europeos y nativos americanos que cruzaron a las Américas.

Sin embargo, un gran problema con esta teoría es que en la ruta desde Oriente Medio a América, la región más lejana al este del Mediterráneo que lleva pequeños rastros del haplogrupo X es la de la República de Altai en Rusia.

No existen rastros del haplogrupo X (u otra variación del X) más al este de esa región. Y aunque la mayoría de los científicos siguen aferrándose a la hipótesis del Estrecho de Bering, nadie puede dar una explicación concluyente de la falta de haplogrupo X en el enorme vacío existente entre el sur de Rusia y la gran región de los Grandes Lagos.

Por supuesto, algunos apoyaron una teoría anterior llamada la hipótesis Solutrean/Clovis, que sugiere que el cruce no se hizo a través del Estrecho de Bering, sino que los portadores del haplogrupo X cruzaron a América en una capa de hielo que conectaba parcialmente Europa con América del Norte.

Curiosamente, esta hipótesis sugiere que de los diez haplogrupos distintos presentes en el norte de Europa en aquella época (H, V, J, HV, U, T, UK, X, W y 1), convenientemente, sólo el haplogrupo X logró el viaje a América. El modelo de esta hipótesis particular también requería que los primeros viajeros, hace 12.000 años, cruzaran a las Américas en pequeñas embarcaciones construidas con pieles de animales y utilizaran habilidades de supervivencia similares a las de los inuit, no precisamente los oficios de la cultura mediterránea.

· · ·

Teniendo en cuenta todo esto, otro estudio realizado en 2008 con datos oceanográficos relevantes señaló que esas condiciones de travesía no eran favorables, y la mayoría de los científicos descartaron después la hipótesis solutreana.

Por lo tanto, el misterio de cómo el haplogrupo X llegó a América del Norte sigue vigente. Si de alguna manera el camino hacia América estaba abierto desde cualquier dirección (a través del Estrecho de Bering o del Atlántico Norte), y cualquier gen europeo podía seguir al haplogrupo X hasta el Nuevo Mundo a pie, ¿cómo explicamos que sólo un gen caucásico/mediterráneo (de entre al menos una docena) hiciera este viaje hace 12.000 años, cuando por el contrario, en el lado opuesto, cada uno de los cuatro haplogrupos asiáticos consiguió seguirse hasta América a través del Estrecho de Bering? A la inversa, si el haplogrupo X no entró en América a través del Atlántico, cómo se explica que existan "extrañamente" rastros elevados del haplogrupo X en Escocia, las Islas Feroe e Islandia, prácticamente todas las "paradas insulares" en el camino hacia América del Norte desde Europa. Tampoco debemos ignorar que los mapas de ADNmt muestran que las mayores concentraciones de haplogrupo X existen en el lado atlántico, alrededor de Terranova y los Grandes Lagos, y no en Alaska o a lo largo de la costa oeste, donde según la ciencia, el haplogrupo X se infiltró en América.

. . .

Aunque la corriente académica y los críticos siguen insistiendo hasta hoy en la hipótesis del Estrecho de Bering, un artículo científico publicado en 2015 en PaleoAmerica (una revista sobre las primeras migraciones humanas y la dispersión) puede haber zanjado este debate de forma concluyente. Un informe con el título "¿Indica el haplogrupo mitocondrial X una antigua migración transatlántica a las Américas? A Critical Re-Evaluation" explicaba que la variedad del haplogrupo X2 encontrada entre los nativos americanos tiene un linaje totalmente diferente al del X2 encontrado en la República de Altai. En resumen, como se descubrió que los dos linajes no tienen ninguna relación, se determinó que el haplogrupo X no migró a América del Norte a través de la República de Altai o del Estrecho de Bering. Y lo que es más sorprendente, el informe concluye que la presencia de X2a en América, además de X2, se ha citado como prueba de no sólo una sino dos migraciones transatlánticas separadas durante nuestra prehistoria.

¿Indica el haplogrupo mitocondrial X una antigua migración transatlántica a las Américas? Una reevaluación crítica.

El X2a (y el raro haplogrupo relacionado X2g) es un haplogrupo exclusivamente norteamericano, que se encuentra en las frecuencias más altas en las poblaciones de los Grandes Lagos y en frecuencias más bajas en las

Llanuras y el Noroeste del Pacífico. Parece estar completamente ausente en las poblaciones de América Central y del Sur. Su presencia en los restos óseos anteriores al contacto europeo confirma que no fue el resultado de una mezcla posterior a 1492.

Sin embargo, a diferencia de los otros haplogrupos mitocondriales americanos (A-D), que tienen claros haplotipos parentales que persisten en las poblaciones siberianas contemporáneas, no hay un registro claro de la historia evolutiva de X2a en ninguna población. El haplogrupo "abuelo" de X2a, X2, se encuentra hoy en día, en niveles bajos, en gran parte del mundo, incluyendo el Cercano Oriente (donde X es más común y, por lo tanto, se cree que evolucionó inicialmente), el sur del Cáucaso, Europa, Siberia, Asia Central y el norte de África. Es importante señalar que, aunque los habitantes de Altai, en el sur de Siberia, presentan X2, sus linajes no son ancestrales a los de los norteamericanos, y la presencia de X2 allí hoy parece ser el resultado de un flujo genético reciente desde el oeste. Así pues, los linajes intermedios que unen el X2 y el X2a parecen haberse perdido en las poblaciones contemporáneas o son tan raros que aún no han sido bien estudiados.

Podríamos esperar encontrarlos en poblaciones antiguas, pero nuestra cobertura temporal y espacial de las poblaciones antiguas sigue siendo bastante escasa. A pesar de esta laguna en el registro filogeográfico del haplogrupo X2, o tal vez debido a ella, la presencia del X2a en Norteamérica se ha citado como prueba de dos migraciones transatlánticas diferentes antes del contacto europeo.

Así pues, antes de permitir que las creencias religiosas se conviertan en teorías razonables, como la hipótesis mormona, que apoya la noción de que hace 10.000 años los israelitas "aparecieron" en América con la "ayuda" de Dios, ¿ha llegado quizás el momento de volver a mirar de cerca el testamento de Platón? A diferencia de otras teorías "científicas", no científicas y religiosas, la explicación de Platón ofrece la evidencia más convincente de cómo el haplogrupo X llegó al Nuevo Mundo en un entorno contenido. Recordemos las palabras que citamos anteriormente para ver si adquieren un nuevo sentido:

"Porque el Océano que en aquel tiempo era navegable; ...y era posible para los viajeros de aquel tiempo cruzar desde ella (la isla de la Atlántida) a las otras islas, y desde las islas a todo el continente que está frente a ellas y que abarca el verdadero océano..."

La afirmación de Platón de que los atlantes llegaron al Nuevo Mundo con barcos a través de saltos de islas no sólo explica por qué otros haplogrupos no pudieron seguir al X, sino que esto ilustra además por qué también existen fuertes rastros del haplogrupo X en todas las paradas de islas desde Europa hasta América del Norte.

. . .

De hecho, en el siguiente párrafo, Platón aclara aún más cuánta influencia tuvieron los atlantes sobre estas islas y sobre el propio continente:

"Porque todo lo que tenemos aquí, situado dentro de la boca de la que hablamos, es evidentemente un remanso que tiene una entrada estrecha; pero aquello de allá es un verdadero océano, y la tierra que lo rodea puede llamarse con toda razón, en el sentido más completo y verdadero, un continente".

Ahora bien, en esta isla de la Atlántida existía una confederación de reyes, de gran y maravilloso poder, que dominaba toda la isla, y también muchas otras islas y partes del continente.

Una vez más, a la hora de interpretar el texto anterior, hay que hacer hincapié en la primera y la última frase del párrafo (resaltadas en negrita y cursiva). Mientras que estas dos frases transmiten el tema, la frase del medio, en este caso, proporciona los detalles de apoyo.

En este párrafo, Platón describe la Atlántida como un lugar idílico con una estrecha entrada en algún lugar del mar Mediterráneo ("que se encuentra en la boca de la que hablamos"). A continuación, explica que los poderosos atlantes no sólo tenían un gran poder sobre su isla, sino que "dominaban" varias islas más (las Islas Orcadas, las Islas Feroe, Islandia, Groenlandia, etc.) que conducían al continente al otro lado del océano, así como partes del propio continente.

Por último, en la segunda frase de la cláusula, la frase de apoyo, en este caso, sostiene y confirma además que "allá" (fuera del Mediterráneo), hay un "verdadero océano", y la enorme tierra que rodea este océano, explica, es tan vasta que "puede llamarse con toda razón, en el sentido más completo y verdadero, un continente".

Al comparar el relato de Platón con el mapa anterior, ¿hay alguna duda de que ofrece la explicación más convincente hasta el momento de cómo el haplogrupo X migró al Nuevo Mundo, y de por qué existen también fuertes rastros de X en todas las islas paradas desde Europa hasta los Grandes Lagos de Norteamérica?

Aunque esta explicación parece más plausible en comparación con otras, no debemos ignorar el hecho de que cuando se propusieron por primera vez los escenarios originales de migración humana para explicar la presencia del haplogrupo X en América, la corriente académica dominante asumió que hace 10.000 años los humanos todavía se comportaban como cazadores y recolectores. Con esto en mente, no es de extrañar que la historia de Platón fuera inmediatamente descartada como un mito.

Por supuesto, los recientes descubrimientos arqueológicos, como el de Gobekli Tepe en Turquía (10.000 a.C.) y la ciudad hundida frente a la costa de la India occidental (8.000 a.C.), no sólo demuestran que los humanos avanzaron mucho antes, sino que es plausible que llegaran a Norteamérica. A diferencia de otras teorías dominantes, la historia de Platón sitúa al haplogrupo X en América en la cronología correcta y explica cómo, en un entorno contenido, llegó a los Grandes Lagos. Por cierto, no olvidemos que hace 11.000 años, con el nivel de los océanos al menos 400 pies más bajo, había tanta masa terrestre entre Escocia, Islandia y Groenlandia que saltar de isla en isla hasta Norteamérica no podía ser más difícil que atravesar el Mediterráneo. Cualquier navegante prehistórico competente del Mediterráneo, que pudiera viajar hasta Escocia, podría haber desarrollado en última instancia las habilidades para navegar también hasta Norteamérica.

Y así fue. Un artículo publicado en la revista National Geographic el 17 de febrero de 2010 revela algo más. El título del artículo es "Los humanos primitivos conquistaron el mar, sugieren sorprendentes hallazgos". Unas hachas prehistóricas encontradas en una isla griega sugieren que la navegación marítima existía en el Mediterráneo más de 100.000 años antes de lo que se pensaba.

Hace dos años, un equipo de arqueólogos estadounidenses y griegos estaba peinando un desfiladero de la isla de Creta (Grecia) con la esperanza de encontrar pequeñas herramientas de piedra empleadas por los navegantes que surcaban las aguas cercanas hace unos 11.000 años.

En cambio, en medio de la búsqueda, el arqueólogo del Providence College Thomas Strasser y su equipo se encontraron con una sorpresa mayúscula: una robusta hacha de mano de 13 centímetros de longitud.

La herramienta, tallada en un canto rodado de piedra de cuarzo local, se parecía a las hachas de mano descubiertas en África y Europa continental y utilizadas por los ancestros humanos hasta hace unos 175.000 años. Esta tecnología de herramientas de piedra, que podría haber sido útil para destrozar huesos y cortar carne, había permanecido relativamente estática durante más de un millón de años.

Creta ha estado rodeada de vastas extensiones de mar durante unos cinco millones de años. El descubrimiento del hacha de mano sugiere que otras personas, además de los humanos tecnológicamente modernos -posiblemente el Homo heidelbergensis-, cruzaron el Mediterráneo decenas de miles de milenios antes de lo esperado.

Muchos investigadores han planteado la hipótesis de que los primeros humanos de este periodo de tiempo no eran capaces de idear embarcaciones ni de navegar por aguas abiertas. Pero los nuevos descubrimientos apuntan a que estos antepasados humanos eran capaces de un comportamiento mucho más sofisticado de lo que sugerían sus relativamente sencillas herramientas de piedra.

"Me quedé asombrado", dijo el arqueólogo de la Universidad de Boston y experto en herramientas de piedra Curtis Runnels. "La idea de encontrar herramientas de esta época tan temprana en Creta era tan creíble como encontrar un iPod en la tumba del rey Tutankamón".

Por mucho que a algunos les cueste aceptar que una cultura prehistórica mediterránea descubriera el Nuevo Mundo, las pruebas físicas adicionales confirman que una raza caucásica sí visitó Norteamérica hace casi 10.000 años.

. . .

El Hombre de Kennewick es el nombre dado a los restos óseos de un hombre prehistórico encontrados en una orilla del río Columbia en Kennewick, Washington, el 28 de julio de 1996. Will Thomas y David Deacy descubrieron accidentalmente el cráneo mientras asistían a un evento anual. Más tarde, un equipo de profesionales recuperó otras 350 piezas del esqueleto, convirtiendo al Hombre de Kennewick en el esqueleto prehistórico más completo jamás encontrado.

Curiosamente, aunque los científicos pensaron inicialmente que los restos pertenecían a un indio del siglo XIX, una datación por radiocarbono realizada por la Universidad de California en Riverside concluyó que el esqueleto tenía aproximadamente 9.800 años.

Y lo que es más increíble, cuando el arqueólogo forense James Chatters estudió más a fondo los huesos y, sobre todo, los rasgos del cráneo del esqueleto, concluyó que pertenecían a un varón caucásico de unas 68 pulgadas (o 173 centímetros) de altura.

El hombre carece de las características definitivas del clásico tronco mongoloide al que pertenecen los nativos americanos modernos. El cráneo es dolicocráneo (índice craneal 73,8) en lugar de braquicráneo, la cara es estrecha y prognata en lugar de ancha y plana. Los huesos de las mejillas están ligeramente retraídos y carecen de una proyección cigomática inferior; el borde inferior de la órbita es uniforme con el superior. Otros rasgos son una nariz larga y ancha que sobresale notablemente de la cara y unas órbitas altas y redondas. La mandíbula tiene forma de V, con un mentón pronunciado y profundo. Muchas de estas características son definitivas de los pueblos caucasoides actuales, mientras que otras, como las órbitas, no son típicas de ninguna de las dos razas.

Desde entonces, se han llevado a cabo estudios adicionales para determinar el origen del Hombre de Kennewick, y algunos especulan que debía ser de ascendencia asiática. Por desgracia, cuando se extrajo una muestra del esqueleto para determinar -de una vez por todas- el origen, la edad y la raza de los restos, los primeros resultados del ADN no fueron concluyentes.

Sin embargo, trabajos más recientes sobre los restos realizados por Douglas Owsley, antropólogo físico del Museo Nacional de Historia del Instituto Smithsoniano, concluyeron además que los antepasados del hombre de Kennewick no procedían del norte de Asia, como los de la mayoría de los nativos americanos que se cree que cruzaron de Asia a Alaska hace unos 11.000 años. Incluso al comparar el cráneo del Hombre de Kennewick con un cráneo típico de la Polinesia (ya que algunos teorizan que la Polinesia pudo ser su lugar de origen), ciertas características del cráneo, como la mandíbula inferior, siguen apoyando el diagnóstico inicial de que los restos pertenecen a un caucásico.

Aunque finalmente se descubriera que el Hombre de Kennewick era polinesio, su presencia en Norteamérica sigue corroborando la afirmación de Platón de que, hace diez milenios, otra cultura mediterránea de hábiles navegantes pudo navegar hasta el Nuevo Mundo. Evidentemente, seguir la línea de costa, mucho más larga, desde Polinesia hasta Norteamérica presenta retos mucho mayores que cruzar al continente americano desde Europa a través del Atlántico Norte.

Finalmente, otro estudio genómico algo controvertido publicado en la revista Nature en 2015 concluyó que el Hombre de Kennewick no era de origen asiático como algunos especulaban anteriormente.

Aunque el estudio coincidía con el resto de antropólogos en que los singulares restos óseos del Hombre de Kennewick no coincidían con los de otros nativos americanos, el análisis final concluía que los datos de su genoma lo situaban más cerca de los nativos americanos modernos que de cualquier otro grupo (de ahí la polémica). En diciembre de 2016, en contra de los llamamientos de

Douglas Owsley y de varios otros científicos, el presidente Obama firmó una ley que permitiría devolver al Hombre de Kennewick a su tierra natal y darle sepultura. En febrero de 2017, cerca de treinta miembros de las tribus Yakama, Umatilla, Nez Perce, Colville y Wanapum recuperaron decenas de cajas con los restos del Hombre de Kennewick.

¿Fue esta una decisión políticamente correcta del gobierno federal para apaciguar a las tribus nativas de la zona donde se encontró originalmente al Hombre de Kennewick? Al fin y al cabo, durante 20 años estuvieron reclamando su relación ancestral y pidiendo su repatriación en virtud de la Ley de Protección y Repatriación de Tumbas de Nativos Americanos (NAGPRA).

Lo que es sumamente importante mencionar en este caso, es que los que concedieron etiquetar al Hombre de Kennewick, como un nativo americano, ignoraron que el estudio también reveló que su haplogrupo consistía en Q-M3 (un haplogrupo norteamericano) y X2a (una variación del haplogrupo caucasoide mediterráneo que migró a América del Norte 11.000 años antes de Cristo).

En otras palabras, si los ancestros mediterráneos del Hombre de Kennewick hubieran llegado al Nuevo Mundo mil años antes, como sugirió Platón, entonces el Hombre de Kennewick es el descendiente de un hombre mediterráneo con una mujer nativa americana. Y sí, puesto que el Hombre de Kennewick nació en Norteamérica varios siglos después de la llegada de sus antepasados, su prueba genómica mostraría sin duda que tiene estrechos vínculos con el Nuevo Mundo. Sin embargo, su haplogrupo X, así como en este caso sus restos óseos, apuntarían a su origen caucásico, como sugirió originalmente Douglas Owsley.

El notable descubrimiento del Hombre de Kennewick (así como el posterior estudio de ADN) no sólo confirman la afirmación de Platón de que una raza de mediterráneos prehistóricos viajó al Nuevo Mundo hace 10.000 años, sino que este hallazgo refuerza la conclusión de que unos milenios más tarde les siguieron sus sucesores: los minoicos postatlantes.

La presencia minoica en América durante la Edad de Bronce no sólo ayuda a explicar el cobre desaparecido en torno al Lago Superior, sino que puede explicar los "avistamientos" caucásicos en Centroamérica de los que informaron los indios mayas.

Los mayas, una de las mayores y más misteriosas civilizaciones de Centroamérica, se establecieron alrededor del año 2.000 a.C. y se sabe que fueron la potencia dominante en Centroamérica durante más de dos milenios. Aunque, a primera vista, sabemos que eran expertos arquitectos y maestros de la astronomía, en realidad se sabe muy poco sobre este pueblo y su civilización. El autor Charles Gallenkamp, en su libro "Maya: The Riddle and Rediscovery of a Lost Civilization", escribió: "A pesar de todo lo que los científicos han aprendido sobre los mayas hasta ahora, nos encontramos constantemente con preguntas sin respuesta.

5

Otras Civilizaciones Entrelazadas

Nadie ha explicado satisfactoriamente dónde o cuándo se originó la civilización maya, ni cómo evolucionó en un entorno tan hostil para la habitación humana. Casi no disponemos de información fiable sobre el origen de su calendario, su escritura jeroglífica y su sistema matemático; tampoco conocemos innumerables detalles relativos a la organización sociopolítica, la religión, la estructura económica y la vida cotidiana. Incluso la estremecedora catástrofe que provocó el repentino abandono de sus mayores ciudades durante el siglo IX d.C. -uno de los misterios arqueológicos más desconcertantes jamás descubiertos- sigue estando profundamente envuelta en conjeturas.

Cronológicamente, la civilización maya surgió durante la Edad de Bronce, mientras los minoicos explotaban intensamente el cobre de los alrededores del Lago Superior.

¿Es esta sincronización una mera coincidencia o una pista que vale la pena seguir?

Aunque no se sabe que los mayas viajaran tan al norte como el Lago Superior, y no se encontraron con los minoicos allí, representaron a su dios Kukulkán como una persona caucásica con pelo blanco de unos 1,80 metros de altura.

Los mayas explican que Kukulkán vino del mar, y que cuando llegó el momento de irse, una vez más, partió de vuelta al mar con la promesa de que un día regresaría.

Según ellos, Kukulkán les enseñó a organizar y administrar su civilización y les enseñó agricultura, medicina y arquitectura. Quién era Kukulkán y por qué los mayas lo retrataron como un hombre blanco es una incógnita. ¿O hay una explicación para ello? ¿Es posible que Kukulkán fuera un visitante de la Edad de Bronce de los Grandes Lagos que, en busca de más riqueza y oportunidades, haya viajado más al sur, a América Central, y finalmente haya ayudado o inspirado a las tribus locales a organizarse? Ciertamente, la llegada de Kukulkán desde el mar y su aspecto son muy sospechosos.

Si no se trata de un visitante de la Edad de Bronce, ¿quién era esta persona caucásica a la que los mayas atribuían su cultura? Aunque nadie lo sabrá nunca con seguridad, una cosa es cierta:

Cuando los mayas conocieron a los conquistadores españoles por "primera vez", no sólo los confundieron con dioses, sino que pensaron que la llegada de los españoles era el regreso de Kukulkán. Una vez más, ¿por qué los mayas pensaron que los colonos europeos eran dioses? ¿Es posible que una visita anterior de los minoicos tuviera algo que ver con esa presunción?

Si los minoicos estuvieron viajando de un lado a otro de América del Norte durante más de mil años, ¿hay alguna duda de que podrían haber viajado más al sur hasta, finalmente, llegar a América Central? Algunas pruebas, así como los testimonios mayas, confirman esta sugerencia.

En 1966, Manfred Metcalf, un empleado civil de Fort Benning, en Georgia, estaba recogiendo piedras para una barbacoa cuando descubrió una piedra plana, de forma cuadrada y de un kilo de peso, con extraños símbolos grabados. Esta roca fue bautizada posteriormente como la Piedra Metcalf. Pensando que los símbolos de la piedra podían ser alguna forma de escritura india, el Sr. Metcalf presentó la piedra al Dr. Joseph Mahan Jr., experto en el dialecto indio yuchi y director del Museo de Artes y Oficios de Columbus.

Cuando se le presentó la piedra, el Dr. Mahan había estado estudiando principalmente a los indios yuchi, una tribu de la región que era racial y lingüísticamente diferente de todos los demás indios de Norteamérica.

En 1968, cuando el Dr. Mahan terminó sus estudios sobre la piedra, envió una copia del molde a Cyrus Gordon, de la Universidad de Brandeis. Para sorpresa de todos, el Sr. Gordon llegó a la conclusión de que las marcas de la piedra coincidían con los caracteres utilizados por los minoicos 3.500 años antes en la isla de Creta.

En efecto, si la evaluación del Sr. Gordon es correcta y la inscripción de la Piedra de Metcalf es minoica, esto no sólo refuerza la idea de que los minoicos de la Edad de Bronce viajaron hasta el sur del estado de Georgia, sino que también plantea una pregunta válida sobre si existe una conexión entre los minoicos y los indios yuchi de la zona, una tribu de "indios" como ninguna otra. Además, la presencia minoica en el sureste de Estados Unidos también sugiere que los minoicos pueden haber viajado más al sur y tal vez hasta América Central, no sólo una vez, sino repetidamente. Después de todo, no olvidemos que el tabaco que los minoicos llevaban regularmente a

Santorini se sabe que era nativo del suroeste de Estados Unidos, México y partes de Sudamérica.

Un antiguo manuscrito de Yucatán, procedente de la ciudad de Motul, corrobora esta conclusión. Describe una época en la que los mayas adoraban a un dios celestial y creador de todas las cosas hasta que un príncipe caucásico de larga barba llamado Kukulkán llegó desde el mar. Contrariamente a las creencias y prácticas religiosas mayas anteriores, trajo el "lado oscuro" a su civilización.

En su libro Fair Gods and Feathered Serpents (Dioses justos y serpientes emplumadas), T. J. O'Brien señaló lo siguiente:

Originalmente se había adorado aquí a un dios que era el creador de todas las cosas, y que tenía su morada en el cielo, pero ese gran príncipe llamado Kukulkán con una multitud de gente había llegado de un país extranjero, que él y su gente eran idólatras, y desde entonces los habitantes de esta tierra también comenzaron a practicar la idolatría, a realizar ritos de sacrificio sangrientos, a quemar copal, y cosas por el estilo.

Kukulkán y su "multitud de gente" (¿sus compañeros de tripulación, tal vez?) eran adoradores de ídolos, y con frecuencia ordenaba que se realizaran ceremonias de sacrificio en su nombre. Entre otros extraños sacrificios, a menudo pedía que se arrojaran jóvenes vírgenes a 65 pies de profundidad en el pozo de agua de Chichén Itzá para llevar mensajes a los dioses del inframundo. Durante el siglo XX, cuando se dragó el pozo, los investigadores encontraron varios restos de mujeres, niños y hombres cuyos cuerpos habían sido arrojados al enorme pozo.

El mismo manuscrito explica además que, incluso después de la partida del hombre de la barba larga, los mayas siguieron construyendo templos en su nombre y realizando sacrificios humanos en su honor.

Curiosamente, las figuras de los hombres con barba, una característica facial poco común entre los indios de América Central, también fueron talladas en varios monumentos de piedra, incluyendo uno en la pared del campo de pelota de Chichén Itzá. ¿Quién era este hombre con barba? ¿Es posible que Kukulkán fuera un autor minoico que exigía ofrendas humanas? Y si es así, ¿se sabe que los minoicos practicaban sacrificios humanos? Sorprendentemente, la respuesta es sí. Las recientes excavaciones arqueológicas y las pruebas obtenidas en tres yacimientos diferentes de la isla de Creta sugieren que los minoicos sí sacrificaban seres humanos. Las tres zonas son Anemospilia, en un edificio cercano al monte Juktas que se interpreta como un templo; en un complejo de santuarios en Fournou Korifi, en el centro-sur de Creta; y en Cnosos, en un edificio conocido como la Casa del Norte.

. . .

Entonces, si los minoicos llegaron a Centroamérica y, en el proceso, se confundieron con dioses, ¿es posible entonces suponer que la espantosa tradición que asoló a la civilización maya pudo ser una tradición que les fue introducida por otra cultura (y viceversa)? ¿Es posible que algunas prácticas y objetos mayas de Centroamérica fueran llevados a Creta y mostrados también por los minoicos? Por ejemplo, si se examina con detenimiento, el elaborado tocado con largas plumas de colores que aparece en un famoso fresco minoico (llamado "Príncipe de los Lirios") podría ser, en efecto, una representación de un "recuerdo" traído del Nuevo Mundo.

En todo caso, se parece profundamente a una pieza de casco que suelen llevar los sacerdotes mayas y no la realeza minoica. Mientras que, tradicionalmente, vemos un tocado similar como una pieza de atuendo tradicional en el arte maya, esta pieza distinta no se volverá a ver en otras ilustraciones minoicas. Más concretamente, todos los demás tocados representados en el arte minoico parecen ser tiras para el pelo delgadas, elegantes y con forma de anillo. ¿Es posible entonces que este tocado en particular sea de origen maya? ¿Fue un trofeo traído tal vez del Nuevo Mundo? El hecho es que, en ambas representaciones, las largas y coloridas plumas son idénticas, el material del que están hechos los cascos parece estar tejido de la misma manera y, "casualmente", en la parte delantera de ambos cascos, hay un adorno que sobresale hacia adelante. Asimismo, al igual que hace el sirviente detrás del sacerdote maya, el minoico saluda de forma similar con su puño derecho sobre el pecho, todo ello mientras su mano izquierda sostiene o tira de una cuerda (nunca sabremos a qué o a quién está atada esta cuerda). Poco después de la desaparición de los minoicos, en torno al 1.500 a.C., varios artefactos e inscripciones de otras culturas de Oriente Medio encontrados en Norteamérica confirman que otros acabaron por darse cuenta y, en última instancia, siguieron los pasos de los minoicos hasta las Américas.

Se cree que los griegos micénicos, junto con los fenicios, siguieron a los minoicos. Al igual que los minoicos, los griegos también dejaron sus propias pequeñas reliquias y otros indicios que revelan su presencia en el Nuevo Mundo. El hecho de que la isla más occidental de las Islas Feroe siga llevando el nombre de "Mykines" (Micenas en griego) implica que los griegos micénicos, al igual que los atlantes y los minoicos antes que ellos, pueden haber visitado efectivamente América del Norte a base de saltos de isla. Por cierto, de las cuatro paradas en islas, ésta fue la segunda parada en América del Norte desde Escocia.

Después de los griegos micénicos, los fenicios, que llegaron al Nuevo Mundo sólo unos siglos después de los minoicos, fueron también una cultura emprendedora de comercio marítimo que prosperó por el Mediterráneo oriental entre el 1.500 a.C. y el 300 a.C. Al igual que los minoicos, podían viajar fuera del estrecho de Gibraltar, donde solían comerciar con mercancías hasta las islas Azores y junto a la costa africana en el lado atlántico. También se sabe que los fenicios circunnavegaron África, por lo que para ellos, un viaje a América a través del "salto de isla" no sería una sugerencia improbable. De hecho, las inscripciones paleo-hebreas encontradas en América del Norte también sugieren que los fenicios llegaron al Nuevo Mundo y, estando allí, es posible que conocieran a los mayas. La piedra de Bat Creek, encontrada en un túmulo funerario de Tennessee, tenía inscripciones paleohebreas y data de los siglos I y II d.C.

Otro hallazgo que puede situar a los fenicios en América son los petroglifos inscritos en la Roca Dighton, encontrada en Berkley, Massachusetts.

En 1783, Ezra Stiles, entonces presidente del Yale College, identificó la escritura de la roca de Dighton como hebrea, una lengua también utilizada habitualmente por los fenicios.

En aquella época, los fenicios y los israelitas cohabitaban en la tierra de Canaán y estaban tan estrechamente entrelazados que a menudo se casaban entre sí y adoraban a dioses cananeos comunes.

. . .

¿Es posible que la presencia minoica y, sobre todo, fenicia en el sureste de Estados Unidos pueda explicar por qué algunas tribus indias de esta región, como los cherokees, proclaman una genealogía judía? Aunque inicialmente esas afirmaciones y creencias fueron muy cuestionadas por los escépticos, cabe mencionar que recientes pruebas de ADN revelaron que las raíces de los cherokees incluyen linajes griegos, fenicios, cartagineses, egipcios y hebreos. De hecho, el linaje fenicio es tan fuerte entre los indios cherokees que algunos científicos del ADN dicen ahora que, genéticamente, los cherokees son habitantes de Oriente Medio con un alto nivel de ADN europeo en ellos.

Al igual que los fenicios influyeron en los indios Cherokee, ¿es posible asumir que, en sus esfuerzos en el Nuevo Mundo, antes de su desaparición, los minoicos conocieron y ayudaron a los mayas a establecer su propia civilización? Si es así, ¿podemos suponer además que los fenicios quizás ofrecieron su contribución unos siglos más tarde?

De hecho, si no son los minoicos, ¿podrían ser los fenicios los hombres blancos de barba larga de los que hablaban los mayas? Por último, ¿explica esta supuesta interacción de algún modo por qué la arquitectura maya parece un híbrido de estructuras minoicas y mesopotámicas?

. . .

Aunque varios edificios mayas llevan sin duda rasgos y características minoicas, los mayas (y más tarde los aztecas) son también conocidos por sus pirámides escalonadas, un elemento arquitectónico que se ajusta mejor a la arquitectura de Oriente Medio, especialmente a los zigurats de la antigua Mesopotamia. Quizá la influencia fenicia sea la que mejor lo explique. En su libro de 1871 Ancient America, John Denison Baldwin escribió: "La empresa conocida de la raza fenicia, y este conocimiento antiguo de América, expresado de forma tan variada, alientan fuertemente la hipótesis de que el pueblo llamado fenicio llegó a este continente, estableció colonias en la región donde se encuentran las ciudades en ruinas, y la llenó de vida civilizada". Se argumenta que hicieron viajes por el "gran océano exterior", y que tales navegantes debieron cruzar el Atlántico; y se añade que en las ruinas americanas se encuentran dispositivos simbólicos similares a los de los fenicios, y que una antigua tradición de los nativos mexicanos y centroamericanos describía a los primeros civilizadores como "hombres blancos barbudos", que "vinieron de Oriente en barcos."

Parece que John Denison Baldwin tenía razón cuando sugirió por primera vez que los fenicios visitaron América. De hecho, la representación de la cabeza del hombre caucásico de barba larga tallada en el muro del juego de pelota de Chichén Itzá, si no es de ascendencia minoica, parece ser la de una persona de Oriente Medio.

. . .

Si bien los minoicos y los fenicios podrían ser los que están detrás de los enigmáticos mapas de la antigüedad, al comparar la civilización minoica con la de la Atlántida, además de coincidir en su ADN, también tienen similitudes tan llamativas que dejan pocas dudas de que estas dos culturas, separadas por pocos milenios, eran una misma.

Por ejemplo, al igual que los atlantes antes que ellos, sabemos que los minoicos eran una sociedad mercantil muy implicada en el comercio "global". Se sabe que ambos viajaban regularmente fuera del Estrecho de Gibraltar y que ambos llegaron al continente americano por la misma ruta.

Tanto los atlantes como los minoicos contaban con una formidable armada que les ayudaba a gobernar el Mediterráneo y garantizaba la seguridad de sus colonias costeras.

Ambas civilizaciones vivían en ciudades no fortificadas y ambas confiaban en su poderosa marina para protegerse.

Esto indica además que ambas eran civilizaciones insulares, ya que no temían la invasión terrestre. Ambas parecen haber practicado la misma religión, siendo el toro su principal ídolo.

Aunque, cronológicamente, ambas culturas estaban separadas por casi tres milenios, ambas empleaban tecnologías adelantadas a su tiempo y utilizaban una arquitectura similar que se caracterizaba por el material de construcción rojo, blanco y negro. Por último, y lo más importante, "ambas" civilizaciones surgieron en la misma región. De hecho, un punto en común que conecta físicamente a las dos culturas, y que en última instancia acerca a las dos civilizaciones, es la pequeña isla de Santorini.

Aunque Santorini es conocida históricamente como un asentamiento minoico, la composición de la isla, con material volcánico rojo, negro y blanco, coincide físicamente con la descripción de Platón y la ubicación del lugar donde se encontraba la ciudad de la corona de la Atlántida. Y lo que es más importante, además de la composición natural de la isla, la forma física de Santorini (una isla dentro de un archipiélago) proporciona otra sorprendente semejanza. ¿Significa esto que la propia Santorini podría ser la isla perdida de la Atlántida de Platón? Varios escépticos discuten esta sugerencia. Aunque Santorini puede coincidir perfectamente con el emplazamiento de la capital de la Atlántida, la isla en sí es demasiado pequeña para ser la "gran isla" descrita por Platón.

Para estos escépticos, ni Santorini ni la isla de Creta (a 150 kilómetros de distancia), que algunos especulan que era la isla principal de la Atlántida, coinciden con la descripción física de Platón. Suponiendo que Santorini proporcione pruebas sólidas de que una vez fue el lugar donde estuvo la capital de la Atlántida, se preguntan, ¿dónde está entonces la isla principal y cómo puede encajar Santorini en la descripción de Platón?

¿Qué sabemos de la Atlántida que pueda ayudar a su descubrimiento? Según Platón, estaba repitiendo una historia revelada por primera vez al legislador griego Solón por sacerdotes egipcios durante una de sus visitas a Egipto. Los egipcios contaron a Solón que, en torno al año 9.600 a.C., la Atlántida era un poderoso imperio naval que gobernaba muchas partes del sur de Europa, el norte de África y Oriente Medio.

En el 360 a.C., en los diálogos Timeo y Critias, Platón describió la Atlántida con más detalle. En Critias, Platón describió la Atlántida como una gran isla cuya parte norte estaba formada principalmente por montañas que llegaban a la costa. Justo al sur de esta región montañosa, dijo que había un gran valle oblongo que medía 3.000 estadios (aproximadamente 555 kilómetros cuadrados). Más al sur, otro valle más pequeño rodeado de montañas de poca altura medía 2.000 estadios (aproximadamente 370 kilómetros cuadrados).

La Atlantida en Español

. . .

Mientras que esto, según Platón, constituía la isla principal de la Atlántida, a 50 estadios al sur de la isla principal (exactamente a 9 kilómetros), había otra pequeña isla circular con un centro inundado que contenía otra pequeña isla en su interior, de unos 5 estadios de diámetro (unos 0,92 kilómetros). Este escenario de una isla dentro de otra isla, que sin duda se asemeja al emplazamiento de un volcán marino con el núcleo colapsado, era el lugar donde se encontraba la ciudad de la corona de la Atlántida. Según Platón, varios puentes conectaban la pequeña isla interior con los acantilados de la isla exterior. Una única y estrecha abertura en el anillo exterior de esta isla permitía a los barcos entrar en el puerto de la Atlántida en el centro inundado de la isla. Este detalle revela que el anillo exterior de tierra estaba rodeado de agua, lo que confirma que la ciudad de la corona de la Atlántida se encontraba en una pequeña isla.

En su relato, Platón describió además a los atlantes como grandes arquitectos e innovadores implicados en la agricultura a gran escala. Según explicó, la irrigación para mantener los cultivos de la isla se producía mediante grandes canales de agua situados en el valle central de la isla primaria. Por otro lado, las montañas que rodean este valle central proporcionaban agua dulce adicional, así como madera para la construcción. Los minerales eran abundantes en la isla, incluido el oricalco, un tipo de cobre particular, que era el metal más valioso junto al oro.

Además de los animales domésticos, había muchos animales salvajes en la gran isla de la Atlántida, incluidos numerosos elefantes. Según Platón, la Atlántida se perdió finalmente en el mar en un "único día y noche" de desgracia.

Hoy en día, debido al sorprendente parecido de Santorini con la ciudad de la corona de Platón, la Atlántida, y al hecho de que la misteriosa civilización minoica parece tener muchas similitudes con la de la Atlántida, algunos historiadores especulan con que la civilización minoica y la propia.

Santorini deben haber sido la Atlántida de Platón. Los anillos concéntricos de tierra y agua alrededor del centro de la ciudad, sin duda, se asemejan mucho a la descripción física de Santorini.

Otro detalle de la descripción de Platón que vincula aún más a Santorini con la Atlántida es la presencia de dos manantiales naturales, uno de agua fría y otro de agua caliente. Por supuesto, como el origen del agua caliente era geotérmico, esto sugiere además que la Atlántida debió ser volcánica, al igual que Santorini.

Los dos manantiales, el frío y el caliente, proporcionaban un suministro ilimitado de agua para fines apropiados, notable por su agradable calidad y excelencia.

Como ya se ha mencionado, las excavaciones arqueológicas que se están llevando a cabo en la isla de Santorini y, en particular, en la ciudad de Akrotiri, revelaron que la ciudad de 4.000 años de antigüedad, dotada de alcantarillado, contaba con un elaborado sistema de suministro de agua caliente y fría.

Los que no estén familiarizados con Santorini deben saber que toda la isla es un enorme volcán con el centro colapsado. El enorme cráter del centro de la isla, de unos 12 kilómetros de ancho en su parte más ancha, está inundado de agua de mar y hoy sirve de idílico puerto de la isla. En el centro de este cráter acuático hay una pequeña isla deshabitada que permite que Santorini se ajuste a la descripción de Platón. Basándose en su asombroso parecido, su composición volcánica y otras similitudes, ¿es posible suponer que Santorini pudo ser el lugar donde se encontraba la ciudad de la corona de la Atlántida? Muchos escépticos no están de acuerdo, ya que afirman que la enorme erupción volcánica del 1.600 a.C. debió alterar enormemente la forma de esta isla. Sin embargo, varios estudios geológicos y otras conclusiones recientes apuntan a lo contrario. Sorprendentemente, parece que la Santorini anterior a la erupción se parecía aún más a la ciudad de la Atlántida de Platón.

En 1991, Druitt y Francaviglia establecieron que la antigua isla de Santorini estaba formada por anillos concéntricos de tierra y mar incluso antes de la erupción.

De hecho, sólo hay una diferencia significativa entre la Santorini moderna y la prehistórica. Se determinó que el anillo exterior de la caldera que actualmente constituye la isla principal era casi sólido, con una sola abertura que permitía el acceso de los barcos al centro acuático de la isla. En la actualidad, el Santorini posterior a la erupción tiene tres aberturas que permiten a los barcos entrar en la caldera acuática. Además, la pequeña isla en el centro de la caldera, antes de la erupción de Santorini hace 3.600 años, era una isla mucho más grande, lo suficientemente grande como para coincidir con la descripción de Platón y albergar todo el centro de la ciudad.

Cabe mencionar que la erupción volcánica de Santorini, hace 3.600 años, fue la segunda mayor, si no la mayor, de la historia registrada. La explosión fue tan intensa que no sólo se estima que salieron del volcán 60 kilómetros cúbicos de magma y roca, sino que el evento creó varios tsunamis de un tamaño inimaginable que se dice que destruyeron la civilización minoica y sus principales asentamientos alrededor del Mar Egeo. Los terremotos y las inundaciones causadas por los tsunamis fueron tan perjudiciales para los minoicos que muchos arqueólogos coinciden en que marcaron el fin de la civilización minoica, ya que no pudo recuperarse del todo.

6

Rastreando El Pasado

Los fenómenos naturales adversos que siguieron a esta erupción fueron tan notables en toda la región, incluido Egipto, que muchos estudiosos los relacionaron con los acontecimientos bíblicos del libro del Éxodo. Además, las marcas de agua visibles de las que informaron los primeros exploradores en las paredes exteriores de piedra caliza de las pirámides y que finalmente se encontraron en su interior podrían ser muy bien los resultados físicos del enorme tsunami generado por la erupción de Santorini.

Cuando se inauguró la Gran Pirámide, se informó de que en su interior se habían encontrado incrustaciones de depósitos de sal de hasta 2,5 cm de grosor. Aunque algunos depósitos de sal se generaron sin duda de forma natural, los análisis químicos revelaron que parte de la sal del interior de la pirámide tenía un contenido mineral consistente con la sal marina.

Aunque este descubrimiento dio lugar a muchas teorías extrañas en el pasado, si se tiene en cuenta la topografía del delta del Nilo (un terreno llano a apenas unos metros sobre el nivel del mar), es fácil ver que un gran tsunami como el del año 1.600 a.C. podría haber inundado rápidamente toda la zona, incluida la meseta de Guiza situada al principio del delta.

Una vez comparado este inmenso cataclismo con el de la Atlántida, muchas personas, especialmente las que creen que la Santorini minoica era la Atlántida, están convencidas de que la erupción volcánica de la isla fue la catástrofe de la que hablaba Platón. Pero después se produjeron violentos terremotos e inundaciones; y en un solo día y noche de desgracia todos sus hombres de guerra en un cuerpo se hundieron en la tierra, y la isla de la Atlántida de la misma manera desapareció en las profundidades del mar.

Lo mejor que teníamos hasta ahora sobre la Atlántida de Platón era la isla de Santorini, los minoicos y la erupción de Santorini de 1.600 a.C. Sin embargo, ésta nunca fue una hipótesis impecable.

. . .

Un gran problema con esa teoría fue que la cronología dada por Platón del 9.600 a.C. tuvo que ser descartada. Y aún hay otro problema mucho mayor con esa teoría.

Si bien es innegable que Santorini coincide con el mismo lugar en el que estuvo la ciudad de la corona de la Atlántida (hablando de los anillos concéntricos de tierra y agua), un enorme problema con esa afirmación es que Santorini por sí sola nunca coincidió con la descripción completa de Platón.

La isla principal de la Atlántida, la que según Platón debía estar a 9 kilómetros de la isla circular dentro de una isla, no aparece en el escenario de 1.600 a.C. La falta de un lugar que coincidiera perfectamente permitió a muchos críticos en el pasado plantear dudas sobre Santorini y seguir cuestionando la validez de la historia de Platón.

Esta incapacidad para introducir un yacimiento coincidente fuera de Santorini se convierte más a menudo en la coyuntura en la que muchos investigadores, incluidos los partidarios de la hipótesis original de Santorini, comienzan a cuestionar la validez de la historia.

. . .

Entonces, ¿la Atlántida es real o es un mito? En contra de la aparente dificultad para encontrar la Atlántida, lo cierto es que Platón nos proporcionó suficiente información para localizar la isla perdida y reconocerla cuando la encontramos. Disponemos de la cronología del acontecimiento y de una detallada descripción física de la isla. También conocemos su composición volcánica, y tenemos todos los detalles de la destrucción de la isla, incluida una buena representación de las secuelas.

La información proporcionada debería ser más que suficiente para ayudar a identificar la isla una vez encontrada.

¿Por qué, entonces, hay tanta dificultad hasta ahora para encontrarla?

Como se ha sugerido anteriormente, además de otras dificultades autoimpuestas, parece que el mayor problema para localizar la Atlántida, con diferencia, es que la mayoría de la gente la ha buscado en el periodo equivocado. Al parecer, la única manera de haber encontrado la isla primaria era buscarla en la cronología correcta y no sólo en la topografía correcta, como mucha gente tiende a hacer una vez que lee la historia. Por ejemplo, aunque Platón dejó claro que la historia de la Atlántida tuvo lugar en torno al año 9.600 a.C., las conclusiones científicas dominantes y las interpretaciones de los primeros relatos llevan a mucha gente a buscar la Atlántida en torno al periodo del 1.600 a.C. y en la época en que entró en erupción el volcán Santorini.

Este grupo de personas acaba por darse cuenta de que, aparte de la propia isla y de la erupción volcánica que la destruyó -que coinciden de forma convincente-, nada más parece corresponder a la descripción de Platón. Así que, al llegar a un callejón sin salida, renuncian a su búsqueda o siguen buscando la Atlántida en otros lugares y, a veces, en los más insólitos.

Por supuesto, algunos dejan de lado por completo el testimonio de Platón y, desde el principio, siguen sus presunciones de lo que fue la Atlántida. A menudo, estas personas no sólo buscan la Atlántida en la época y el continente equivocados, sino que, con mayor frecuencia, buscan una civilización ultramoderna que nunca existió.

Sin embargo, cuando uno deja de lado todas las interpretaciones personales y busca fielmente la Atlántida en la cronología correcta (hace 11.000 a 12.000 años) como si fuera un milagro, todas las piezas antes sueltas de este gran rompecabezas comienzan a encajar.

En primer lugar, la isla de la Atlántida, una isla casi del tamaño de Creta, emerge del mar a 9 kilómetros al norte de Santorini. Esto sucede al bajar el mar Mediterráneo 400 pies para corresponder al nivel del mar durante el décimo milenio antes de Cristo, cuando Platón dijo que la historia de la Atlántida tuvo lugar.

Al bajar el nivel del mar, el Mediterráneo parece un mundo totalmente distinto. Muchas costas cambian drásticamente, y Grecia y la región insular que rodea el mar Egeo se vuelven casi irreconocibles al fusionarse varias islas, entre ellas las Cícladas, que estaban conectadas por un terreno plano, hoy llamado meseta de las Cícladas.

Esta meseta, ahora sumergida, formaba una gran isla, mientras que las islas modernas de las Cícladas formaban hileras de montañas que emergían en todos los lugares adecuados.

Al comparar la isla prehistórica sumergida con la Atlántida de Platón, queda claro que éste debía ser el lugar del que hablaba Platón. Cuando todavía estaba por encima del agua, la parte norte de esta isla estaba completamente formada por montañas. Había un valle oblongo justo al sur de esta región montañosa (aproximadamente 555 kilómetros cuadrados) y un segundo valle más cercano al centro de la isla (aproximadamente 370 kilómetros cuadrados) rodeado de montañas de poca altura. Además, tal y como representó Platón, este valle central tenía dos tercios del tamaño del valle oblongo. No sólo la isla principal coincide perfectamente con la descripción física de Platón, sino que la propia Santorini, un escenario de una isla dentro de otra isla, se encuentra precisamente a 9 kilómetros de la isla principal y tal como afirmaba Platón.

Por último, ahora tenemos un sitio tangible en el que todos los aspectos físicos de la topografía, la cronología, la geología volcánica, la flora y la fauna de ese período (incluidos los elefantes), la destrucción de la isla por un "Gran Diluvio", los restos de una civilización neolítica en la zona inmediata y, lo que es más importante, las pruebas de ADN (véase el haplogrupo X), apuntan a una coincidencia perfecta.

Una isla compuesta en su mayor parte por montañas en las partes del norte y a lo largo de la costa, y que abarcaba una gran llanura de forma oblonga en el sur que se extendía en una dirección tres mil estadios (unos 555 kilómetros cuadrados; 345 millas cuadradas), pero a través de la isla central tenía dos mil estadios (unos 370 kilómetros cuadrados; 230 millas cuadradas). A cincuenta estadios (9 km; 6 millas) de la costa había una montaña que era baja por todos los lados... la rompía por todas partes... la isla central en sí tenía cinco estadios de diámetro (unos 0,92 km; 0,57 millas).

. . .

¿Hay alguna posibilidad, se puede preguntar, de que el sitio coincidente en cuestión no sea la Atlántida de Platón? Si se tiene en cuenta lo difícil que era en el pasado encontrar un lugar que coincidiera perfectamente, uno en el que estuvieran presentes todos los elementos necesarios y en el orden perfecto, las probabilidades de encontrar un lugar así pueden compararse con las de acertar los números ganadores de la lotería. De hecho, si se tiene en cuenta además que la lotería puede ganarse independientemente del orden en que se extraigan los cinco números ganadores, encontrar un lugar perfectamente coincidente en el que todos los elementos requeridos estén en el orden correcto puede ser más complicado que ganar la lotería. En consecuencia, descartar un sitio perfectamente coincidente, puede ser tan difícil como deliberar contra el boleto ganador de la lotería. Lo único que falta en este escenario es un artefacto de 10.000 años de antigüedad, aunque encontrar uno puede ser más complicado de lo que parece.

Aunque las islas Cícladas son, sin duda, unas de las más bellas del mundo, no debemos olvidar que en los últimos 10.000 años, esta región fue esculpida por un tipo de catástrofe natural tras otra. Terremotos terribles, inundaciones inimaginables, tsunamis y frecuentes erupciones volcánicas contribuyeron a la desaparición de la Atlántida y a la formación de estas islas. Si los artefactos de la Atlántida no están cubiertos bajo varios metros de tierra o yacen bajo 400 pies de agua, podrían haber sido volados en pedazos durante la erupción volcánica del 1.600 a.C. de Santorini o durante una de las muchas otras erupciones volcánicas que ocurrieron a lo largo de los milenios. Otras docenas de erupciones menos potentes a lo largo de los siglos, seguidas de enormes tsunamis, también hicieron mella en las islas circundantes. Y por si estas condiciones no fueran lo suficientemente malas, un segundo volcán en las cercanías provocaba periódicamente su propia serie de desastres.

Aunque la mayoría de la gente no lo sabe, hay otro volcán activo a 8 kilómetros al noreste de Santorini, cuya cima se encuentra a sólo 60 pies bajo las olas. Se conoce como el volcán Kolumbo o Koloumbos en griego. La última erupción conocida del Kolumbo se produjo en 1650. Fue un acontecimiento muy violento, ya que expulsó piedra pómez y cenizas hasta Turquía y produjo flujos piroclásticos que mataron a muchas personas en Santorini en ese momento.

Un enorme tsunami generado por el colapso del cono del volcán también inundó varias islas y causó graves daños hasta 150 kilómetros de distancia.

Sin embargo, a pesar de las aparentes dificultades, debemos mantener la esperanza. Cuando se buscan pruebas arqueológicas, a veces, con un poco de suerte, todo es posible.

Pensemos en la ciudad de Akrotiri, de 4.000 años de antigüedad, que sobrevivió a lo inimaginable. Las continuas excavaciones en Santorini y las islas circundantes, así como en el fondo del mar entre las islas Cícladas, pueden acabar revelando artefactos o ruinas que confirmen finalmente la existencia de una civilización de 10.000 años en la zona.

Los escépticos, sin embargo, nunca se convencen.

Argumentan que, según la historia, la Atlántida fue tragada por el mar y desapareció, mientras que, obviamente, en este caso, quedaron restos de la isla, junto con Santorini.

Además, si no es la erupción de Santorini del 1.600 a.C., que parece coincidir perfectamente con la desaparición de la Atlántida, ¿qué otra catástrofe natural posterior al 9.600 a.C., se preguntan, podría acercarse a la descripción del final de Platón?

. . .

Mientras avanzamos, lo primero y más importante es darnos cuenta de que Platón nunca mencionó la fecha exacta del fin de la Atlántida.

El marco temporal del 9.600 a.C. dado fue cuando se desarrolló la historia, y no necesariamente cuando se perdió la Atlántida, como muchos suponen automáticamente.

Platón señaló que el fin de la Atlántida llegó en un "momento posterior" y tras una serie de prolongados "terremotos e inundaciones portentosas".

Pero más tarde se produjeron portentosos terremotos e inundaciones, y les sobrevino un día y una noche funestos,... Y la isla de la Atlántida, de la misma manera, fue tragada por el mar y desapareció.

La mera mención de los terremotos y las inundaciones por parte de Platón en forma plural no sólo confirma que la destrucción de la isla fue más gradual, sino que esta afirmación corrobora además que las inundaciones periódicas estaban muy probablemente asociadas a la subida de los océanos, como se ha indicado anteriormente. Además, la observación "un día y una noche penosos", más bien una frase común entre los griegos, no implica necesariamente que la isla se perdiera en 24 horas, sino que el acontecimiento final se produjo en algún momento desconocido.

Siguiendo la descripción del final de Platón, se lee como si durante varias décadas, los fuertes terremotos y las frecuentes inundaciones (asociadas a la subida de los océanos) empezaran a hacer mella en la isla. En algún momento desconocido, antes del 8.000 a.C. y justo antes de la inundación del Mar Negro, cuando el deshielo de los glaciares alcanzó un punto álgido y el nivel de los océanos empezó a subir de forma más agresiva, el nivel del mar en el Mediterráneo subió abruptamente lo suficiente como para inundar los valles y las elevaciones más bajas de la Atlántida. Esta fue la inundación que esencialmente reclamó la isla. El terreno plano de toda la isla se volvió "intransitable e impenetrable", y como explicó Platón, "esto fue causado por el hundimiento de la isla". Por supuesto, sin saber nada de las fuerzas naturales en juego, Platón malinterpretó la subida del mar y la llamó "hundimiento gradual" de la isla.

Por lo tanto, también el océano en ese lugar se ha vuelto intransitable e inabarcable, ya que está bloqueado por el banco de lodo que la isla creó al asentarse.

Durante esta intensa inundación, las condiciones debieron ser horribles, ya que presumiblemente se asemejaron a las de Nueva Orleans en 2005 -o peor, a las del tsunami de Tailandia en 2004 o de Japón en 2011-. Esta inundación fue tan formidable que de la noche a la mañana convirtió la meseta de las Cícladas en un banco de arena fangosa o, como mejor explicó Platón, en un "banco de barro".

Una diferencia significativa entre la inundación de la Atlántida y esas otras catástrofes naturales es que las aguas nunca se retiraron de la Atlántida. Como las aguas siguieron subiendo, la isla se rindió para siempre al mar.

Platón hablaba de este Gran Diluvio y de la devastación que supuso para la isla. Sin hablar en términos literales, pero sí dramáticos, Platón dijo que ese mismo día la isla fue "tragada" (reclamada) por el mar, y "desapareció". Sin embargo, en otro párrafo, describe la región en cuestión y explica que, una vez que el ciclo de la inundación terminó, las cimas de las montañas de la isla quedaron por encima del agua y formaron pequeñas islas. Una vez más, compara poéticamente estos islotes restantes con los "huesos del cuerpo consumido" del "país" que una vez estuvo allí.

La consecuencia es que, en comparación con lo que había entonces, sólo quedan en los pequeños islotes los huesos del cuerpo gastado, como puede llamarse, ya que todas las partes más ricas y blandas del suelo se han desprendido y ha quedado el mero esqueleto del país.

Sin embargo, su descripción no terminó ahí. Fue más allá y describió de forma dramática la transformación medioambiental de la zona entre el 9.000 a.C. y su propia época, casi siete milenios después.

Explicó que las montañas densamente boscosas, que antes suministraban madera de tamaño suficiente para cubrir incluso las casas más grandes, se convirtieron en pequeños islotes que apenas podían proporcionar "sustento a las abejas". Este es otro dato vital en el que Platón describe perfectamente la transformación total de la región y explica cómo las otrora grandes y verdes islas del Egeo, de hace diez milenios, se convirtieron finalmente en las pequeñas y secas islas que conocemos hoy.

Pero en tiempos pasados, y en el estado primitivo del país, lo que ahora son montañas se consideraban colinas; y las llanuras que ahora se denominan, de Phelleus estaban llenas de tierra rica, y había abundancia de madera en las montañas. De esto último aún quedan rastros, pues hay algunas de las montañas que ahora sólo sirven de sustento a las abejas, mientras que no hace mucho tiempo aún quedaban techos cortados de los árboles que allí crecían, que eran de un tamaño suficiente para cubrir las casas más grandes; y había muchos otros árboles altos, que daban frutos, y abundancia de alimento para el ganado.

No cabe duda de que el diluvio que destruyó la Atlántida y todas las civilizaciones costeras del planeta de forma simultánea es el acontecimiento al que se referirá para siempre el Gran Diluvio.

En un libro de texto científico sobre entornos marinos (2010), titulado Coastal and Marine Geospatial Technologies, K. Gaki-Papanastasiou mencionó que la antigua isla de las Cícladas podría haber sido el lugar en el que se encontraba la Atlántida de Platón y, además, convino en que si la Atlántida existió, se perdió debido a la rápida subida del mar.

Es muy posible que la famosa y antigua Atlántida fuera una de las florecientes ciudades-estado de la gran isla de las Cícladas (5.282 km...) que se ahogó a raíz de la rápida subida del nivel del mar hace entre 18.000 y 7.000 años...

La desaparición de la Atlántida podría no deberse a razones tectónicas (inmersión repentina) sino a las eustáticas (transgresión marina). Si postulamos que la Atlántida era una ciudad-estado que floreció alrededor de 10.000-9.000 años antes del presente, que estaba situada en el centro del mar Egeo, y que la "antigua" isla de las Cícladas estaba disminuyendo rápidamente debido a la rápida subida del nivel del mar, resulta evidente que muchos asentamientos neolíticos costeros fueron ahogados por el mar.

La Atlántida y otras civilizaciones de todo el mundo, como la ciudad sumergida frente a la costa de la India occidental, o Atlit Yam frente a la costa de Israel, fueron víctimas de la subida de los océanos.

Durante los siguientes 1.000 años, mientras las aguas seguían reclamando cada vez más tierras áridas, fracasaron todos los esfuerzos por reavivar alguna de estas civilizaciones. Fue un periodo caótico en el que los pueblos permanecieron dispersos y la historia dejó de existir.

Alrededor del 5.000 a.C. (una vez que los océanos se estabilizaron), empezamos a ver signos de actividad humana. Unos siglos más tarde, cerca del 4.000 a.C., vemos una explosión de civilizaciones humanas que "misteriosamente" parecen aparecer de la nada. Los sumerios surgieron en Mesopotamia, la civilización Harappan se desarrolló en la India y, en poco tiempo, los "minoicos" comenzaron a dominar todo el Mediterráneo. Prácticamente de la noche a la mañana, estas civilizaciones "se convirtieron en maestros" de la arquitectura y la astronomía y poseían increíbles habilidades que ni los historiadores ni los antropólogos pueden explicar del todo.

Por desgracia, debido a la falta de pruebas tangibles, los primeros historiadores no supieron atar cabos y reconocer que muchas de estas culturas existían desde miles de años antes. No fuimos capaces de darnos cuenta de que las increíbles estructuras megalíticas y los logros tecnológicos del quinto y cuarto milenio a.C. eran esencialmente parte de una "era de renacimiento" anterior que se reanudó inmediatamente una vez que terminó la subida de los océanos.

Por eso, cuando por primera vez se detectó una civilización postatlante en Creta, debido a la falta de una identidad clara, los primeros arqueólogos los rebautizaron erróneamente como minoicos, en honor al mítico rey de Creta, Minos.

Aunque a día de hoy no está claro cómo se llamaban los minoicos, parece que otras civilizaciones antiguas, especialmente los egipcios, conocían su estrecha relación con la Atlántida. Esta revelación se hace más evidente con su afirmación a Solón de que la Atlántida era un antiguo adversario de Grecia. Extrañamente, cuando esta información fue revelada a Solón, la Atlántida ya estaba "perdida en la historia". La civilización post-atlántica de los minoicos también terminó 800 años antes de esa revelación. Aunque los egipcios eran plenamente conscientes de que los griegos no estaban lo suficientemente cerca como para haber conocido a los llamados atlantes, aún así nombraron a los atlantes como adversarios de Grecia. ¿Por qué dijeron eso? ¿Fue un error?

Por otra parte, los egipcios sabían muy bien que, antes de su desaparición, los minoicos y los griegos continentales eran verdaderos enemigos. ¿Cometieron los egipcios un error de identidad, o como sabían muy bien que los minoicos y los atlantes eran una misma cosa, dieron por sentado su conocimiento?

No ignoremos el hecho de que cuando la civilización minoica fue detectada en 1905 y "apodada" por Sir Arthur Evans con el nombre del mítico rey Minos, nadie en ese momento, ni en las décadas siguientes, encontró el verdadero nombre de esa civilización. ¿Es posible que Platón, al igual que los egipcios, ya conociera a estos pueblos como atlantes? Si es así, si los minoicos ascendieron de los atlantes, como demuestran las pruebas, entonces no debería ser una sorpresa ver a Platón, por un lado, representando la isla de la Atlántida y, por otro, describiendo aspectos de su civilización de la época minoica.

. . .

En todo caso, este conocimiento ha permitido a Platón presentar a estos pueblos desde sus inicios, alrededor del 9.600 a.C., y hasta su desaparición definitiva por los griegos continentales, alrededor del 1.500 a.C. Describió la meseta de las Cícladas (o la isla de la Atlántida, si se quiere) antes de que fuera ahogada por la subida del mar. Describió el carácter agresivo de los atlantes hacia sus vecinos mediterráneos y otros, e informó correctamente de sus increíbles habilidades y su involuntaria contribución genética a la historia al cruzar el Atlántico.

En lo que respecta a los detalles cotidianos y a su modo de vida, Platón optó por utilizar aspectos de una época muy posterior de su historia, la era "minoica". ¿Fue porque no sabía nada mejor, o lo hizo por decisión propia?

Si Platón estaba elaborando una historia ideológica en torno a un escenario real y a una civilización prehistórica que logró perdurar hasta la Edad de Bronce, una civilización que los griegos acabaron derrotando, entonces, para poder comunicar con éxito algunas de sus ideas filosóficas (lo divino frente a lo humano, las sociedades ideales frente a las corruptas), necesitaba detalles con los que su público griego estuviera más familiarizado (nombres griegos, dioses griegos, orichalcum, etc.). De lo contrario, ¿podría su historia ideológica resultar atractiva para su público si éste no pudiera conectarse o relacionarse con ella?

. . .

Sabiendo que los atlantes y los minoicos eran el mismo pueblo, ¿estaba Platón obligado a explicar a su audiencia que estaba tomando prestados elementos de dos períodos de tiempo? Aunque no era necesario, habría estado bien saberlo. ¿Era esta aclaración de suma importancia para transmitir con éxito su relato moral? La verdad es que no.

Al no ser más transparente, ¿mintió Platón de alguna manera sobre la Atlántida, los atlantes o el grueso de su historia? No lo hizo. ¿Se basó la narración de Platón en hechos reales, y deberían los historiadores haber prestado más atención al testamento de Platón en lugar de tratarlo como un cuento con moraleja? Por supuesto. La afirmación de Platón de que una raza mediterránea llegó a Norteamérica hace unos 11.000 años coincide con la llegada del haplogrupo X.

Afirmó correctamente que la migración tuvo lugar a través del Atlántico, y que los atlantes dejaron rastros de su presencia (haplogrupo X) en todas las paradas de las islas desde Europa hasta América. Describió correctamente la catástrofe natural y la transformación del Egeo tras la inundación de la superisla prehistórica. Mucho antes de que los científicos admitieran que los minoicos surgieron de una civilización prehistórica más antigua que ya se encontraba en la zona, parece que Platón ya había relacionado a los minoicos con los atlantes. Por último, afirmó correctamente que los atlantes (o minoicos, si se prefiere) fueron víctimas de los griegos continentales.

Sí, es cierto. Históricamente, sabemos que después de la erupción de Santorini, los minoicos duraron más o menos un siglo más. Para entonces, los efectos de ese desastre los pusieron de rodillas y los convirtieron en presa fácil para los griegos micénicos, que finalmente invadieron Creta y ayudaron a poner fin a la era minoica. La erupción volcánica de Santorini en el año 1.646 a.C. y la megatsunamis que le siguió marcaron el principio del fin de esta civilización postatlante. Una vez destruidas sus ciudades y aldeas costeras en Creta y en las islas circundantes, y con los griegos micénicos ocupando ahora su tierra natal, muchos minoicos se trasladaron al este y se asentaron en Chipre.

Con el tiempo, se trasladaron más al este y se asentaron en las costas del Mediterráneo, entre Siria e Israel.

Según los relatos históricos, parece que los poderosos minoicos (o atlantes, si se quiere) no "se fueron tranquilamente a la noche".

. . .

Si bien es cierto que en aquel momento eran una civilización "muerta", su influencia en la zona era, como mínimo, enorme.

Las escrituras ciprominóicas encontradas en Chipre y en los alrededores de Oriente Medio demostraron que el sistema de escritura lineal A, desarrollado tras la llegada de los minoicos a la isla, tenía varias características compartidas con el sistema lineal B minoico, ampliamente utilizado en la isla de Creta. Curiosamente, después de estudiar el nuevo sistema de escritura ciprominoico y a quienes lo utilizaban, los historiadores de la corriente principal decidieron llamar a estos pueblos filisteos. Además, atribuyeron el sistema lineal A a los "misteriosos" y hasta entonces desconocidos filisteos, una cultura alfabetizada de "gente del mar" que, según se dice, se originó en una región del mar Egeo y acabó emigrando a las costas orientales del Mediterráneo hacia el año 1.200 a.C. ¿Se trata de otro caso de error de identidad? Parece que aquellos a los que Platón se refirió como atlantes fueron primero "identificados" como minoicos, luego fueron etiquetados como "gente del mar" y finalmente fueron llamados filisteos.

En este caso no debería haber confusión entre los expertos.

Estas misteriosas gentes del mar eran principalmente refugiados minoicos mezclados con otros emigrantes del

Egeo que fueron desarraigados no sólo por la propia erupción volcánica de Santorini, sino también por las secuelas de ese horrible y duradero desastre. Sin tener en cuenta el tipo de condiciones adversas que siguieron inmediatamente a esta erupción volcánica en particular ni cuántos años duraron sus efectos, una explosión de esa magnitud debió devastar gravemente toda la región del Egeo y obligar a los habitantes de esa zona a huir. Si no lo hicieron inmediatamente, sin duda huyeron en los años siguientes.

Por supuesto, existe otra gran posibilidad. La erupción de Santorini no fue un incidente aislado durante el final de la Edad de Bronce. Se especula que el movimiento de las mismas placas tectónicas que causaron los terremotos en la zona y la erupción de Santorini podría haber seguido produciendo una serie de fuertes terremotos en esa región durante otro par de siglos.

Un estudio reciente publicado en el Servicio de Noticias de Stanford en 1997, titulado "Don't Blame the Trojan Horse: Earthquakes Toppled Ancient Cities, Stanford Geophysicist Says" (No culpes al Caballo de Troya: los terremotos derrumbaron ciudades antiguas, dice un geofísico de Stanford), reveló que los grandes terremotos podrían agruparse temporalmente.

. . .

El estudio explicaba que cuando una placa tectónica se rompe en un lugar, tensa otra parte del límite de la placa y, en última instancia, puede provocar su colapso al cabo de poco tiempo. Hasta que se rompa todo el límite de la placa, puede producirse una cascada de terremotos. El periodo de actividad intensa puede estar separado por largos periodos en los que toda la placa se tensa pero no cede del todo. En ese caso, al acumularse la tensión, el ciclo de terremotos vuelve a comenzar.

Según el estudio, se cree que cincuenta o más ciudades de todo el Mediterráneo oriental, entre Grecia e Israel, fueron víctimas de prolongados terremotos al final de la Edad de Bronce, concretamente justo antes del 1.200 a.C., cuando apareció la "gente del mar". De ser así, no es difícil imaginar que las sociedades afectadas, dada su limitada tecnología, se desmoronaran de inmediato, creando así una oleada de refugiados que recorrieron la región -por tierra o por agua- y asaltaron todas las demás ciudades encontradas intactas para sobrevivir. Como la región del Mediterráneo principalmente afectada (ya sea por la erupción de Santorini o por los terremotos que la siguieron) era territorio minoico, la mayoría de estos refugiados debían ser de ascendencia minoica. Las pruebas arqueológicas han demostrado que los habitantes de Santorini, junto con toda su flota, escaparon de la erupción volcánica. Si es así, ¿dónde se asentaron después? Creta, su principal colonia, que fue destruida por el tsunami o los terremotos que le siguieron, fue finalmente ocupada por los griegos continentales.

¿Es posible que otra sociedad acogiera inmediatamente a los refugiados minoicos en la zona, o que se convirtieran en una cultura de "gente del mar" que inicialmente sobrevivió aprovechándose de toda la región y de las riquezas de los demás?

Según la historia, estos refugiados minoicos (o gentes del mar, si se prefiere) acabaron asentándose en las costas de Oriente Próximo. Las excavaciones realizadas en Ashkelon (Israel), una conocida ciudad filistea, demostraron que la escritura inscrita en varias vasijas de arcilla era cipro-minoica. Aunque lo más probable es que muchas de estas piezas fueran importadas de Chipre o Creta por los primeros colonos, una jarra concreta de arcilla local demostró ser obra de una cultura nativa postminoica del lugar. Sin embargo, hay más pruebas para verificar que los llamados pueblos del mar (o filisteos) tenían ascendencia minoica. La antigua ciudad de Gaza, otra famosa ciudad filistea, se llamaba inicialmente Minoah, un nombre claramente fundado por cretenses.

La influencia de los minoicos en la isla de Chipre también fue bastante significativa. Para empezar, la transformación de la lengua de la isla a la Lineal A fue tan generalizada que llevó a algunos historiadores a teorizar que los enigmáticos filisteos podrían haberse originado allí. Sin embargo, a pesar de la confusión científica reinante, también cabe mencionar que Chipre es el único país del mundo que sigue celebrando anualmente una semana de fiesta en recuerdo del Diluvio Universal.

Aunque su población cristiana relaciona esta fiesta popular con el diluvio bíblico, ¿es posible que también conmemore esencialmente un acontecimiento que a lo largo de milenios mantuvieron vivo los llamados pueblos del mar o, mejor aún, los minoicos postatlantes?

Para comprender mejor cómo los cambios climáticos y ecológicos (y, en última instancia, la subida del mar) afectaron a las civilizaciones costeras del Mediterráneo, hay que seguir los trabajos del Dr. François Doumenge (director del Instituto Oceanográfico de Mónaco y secretario general de la Comisión Internacional para la Exploración Científica del Mar Mediterráneo, Mónaco).

En 1996, el Dr. Doumenge hizo una presentación en la sede de la Universidad de las Naciones Unidas. Aunque su presentación no tenía nada que ver con la arqueología o la antropología directamente, el Dr. Doumenge presentó una mirada histórica a largo plazo del Mediterráneo y la serie de crisis ambientales que lo habían afectado a lo largo de los milenios. Hasta cierto punto, confirmó las teorías anteriores según las cuales, durante el periodo mesiniano, el estrecho de Gibraltar había permanecido cerrado entre 100.000 y 200.000 años, tiempo durante el cual el Mediterráneo se había evaporado por completo. Esto, explicó, ocurrió varias veces entre 5 y 6 millones de años atrás. En consecuencia, la cuenca seca del Mediterráneo conservó gigantescos depósitos de sal con un volumen total superior a 1,5 millones de kilómetros cuadrados.

La evaporación total del agua entre hace 5 y 6 millones de años y su continua evaporación y recarga de agua de mar procedente del Atlántico o del Mar Rojo también explican la mayor salinidad que se encuentra actualmente en el Mediterráneo.

El Dr. Doumenge también reveló que el Mediterráneo atravesó otra crisis durante la última Edad de Hielo que comenzó hace 18.000 años. Explicó que la última Edad de Hielo no sólo causó graves efectos en el ecosistema del Mediterráneo, sino que el nivel del mar, 400 pies más bajo, dejó al descubierto cientos de miles de kilómetros cuadrados de tierra.

El mar Adriático era mayoritariamente seco, el mar Egeo era un 40% más pequeño y la costa ampliada de Sicilia y África, en el actual Túnez, casi se fusionaba. El Mar Negro, mucho más pequeño, un lago de agua dulce en aquella época, desaguaba en gran medida en el Mediterráneo y sus aguas fluían hacia el sur a lo largo de la costa de la actual Turquía hasta la costa norte de África.

Durante la última Edad de Hielo, los efectos combinados fueron tan profundos que la cuenca mediterránea se dividió en tres ecosistemas distintos.

La parte más oriental del Mediterráneo, que estaba prácticamente aislada por la corriente de agua dulce que bajaba del Mar Negro, seguía siendo más cálida, y la región alrededor de Egipto y Chipre era más bien un entorno semitropical. Este temprano clima semitropical en el Oriente Medio prehistórico explica también la existencia del Creciente Fértil. Un territorio fértil que se extendía desde el valle del Nilo siguiendo la costa oriental del Mediterráneo hasta el sureste de Turquía y luego giraba hacia el sur, hacia la región de Mesopotamia y las orillas del Golfo Pérsico. Esta zona, que acabó convirtiéndose en la cuna de la civilización tal y como la conocemos, fue también el hogar de ocho cultivos originarios del Neolítico importantes para la agricultura primitiva y de cuatro de las cinco especies más importantes de animales domesticados (vacas, cabras, cerdos y ovejas).

El Mediterráneo central, en cambio, mantuvo su temperatura y características actuales. La cuenca occidental, conectada y continuamente rellenada a través del

Estrecho de Gibraltar, conservó temperaturas mucho más frías como las del Mar del Norte. Esto también explica la gran población de ballenas azules en la parte occidental del Mediterráneo, que sigue presente hasta hoy.

Al revisar el estudio del Dr. Doumenge de 1996, así como las últimas investigaciones publicadas en Science News en 2010, nos damos cuenta de que el planeta pasó por un cataclismo masivo que comenzó alrededor del 13.000 a.C., se intensificó entre el 9.000 a.C. y el 8.000 a.C., y finalmente comenzó a estabilizarse entre el 7.000 a.C. y el 5.000 a.C. Durante este período, no sólo los mares se elevaron 400 pies o más, sino que las aguas crecientes parecen haberse tragado literalmente todas las pruebas físicas que podrían sugerir la existencia de otra civilización avanzada durante nuestra prehistoria.

Sin embargo, ¿es posible que se haya perdido por completo todo rastro de las civilizaciones prehistóricas? Aunque yacimientos arqueológicos como el de Gobekli Tepe ayudan a validar su existencia, por desgracia, la carga de la prueba recae en las ciudades hundidas, como las de la costa occidental de la India y la de la Atlántida. ¿Debemos suponer entonces que las pruebas de todas las civilizaciones del pasado se encuentran en el fondo del mar, o es posible que, de alguna manera, hayan sobrevivido más artefactos en zonas más elevadas y que esperen nuestro descubrimiento?

7

Dar La Vuelta A Lo Que Creíamos Saber

AFORTUNADAMENTE, la ciencia nunca deja de sorprendernos.

El 23 de octubre de 1991, un sorprendente artículo en Los Angeles Times llamó la atención de mucha gente. El artículo se titulaba "El nuevo enigma de la Esfinge: ¿Es más antigua de lo que dicen los expertos? Arqueólogos y geólogos citan el estudio de los patrones de meteorización, pero los egiptólogos dicen que los hallazgos no pueden ser correctos".

Tal y como insinúa el título del artículo, tras una exhaustiva investigación geológica sobre la meseta de Giza y la Gran Esfinge en aquella época, las pruebas apuntaban a la posibilidad de que la Esfinge fuera al menos dos veces más antigua que las pirámides y podría datar, de forma conservadora, hasta el 7.000 a.C., si no más.

Como era de esperar, tal anuncio provocó una tormenta de controversia y una feroz discusión entre los arqueólogos de la corriente principal, ya que tal conclusión contradecía todo lo que la corriente académica principal "sabía" sobre el antiguo Egipto.

Cuando los geólogos presentaron sus resultados en la Sociedad Geológica de América, mencionaron que los patrones climáticos del monumento les convencieron de que eran de otro periodo mucho más antiguo de lo que se estimaba. Hasta entonces, los egiptólogos y los arqueólogos convencionales pensaban que el faraón Jafre había construido la Esfinge en torno al 2.500 a.C. Sin embargo, tras una serie de estudios sin precedentes en el yacimiento de Guiza, las pruebas sugirieron que el monumento ya estaba allí desde miles de años antes de Jafre.

Más concretamente, el equipo de investigación se dio cuenta de que la Esfinge estaba tallada en un lecho de piedra caliza y que, básicamente, se encontraba dentro de una zanja. Las paredes de esta zanja ofrecieron a los investigadores las primeras pistas tentadoras. Estaban muy erosionadas por el agua, lo que sugiere que la zanja fue excavada mucho antes del 3.000 a.C., cuando las lluvias en la zona eran mucho más intensas que en los últimos miles de años. Por supuesto, como se ha mencionado anteriormente, según el Dr. Doumenge, la última vez que llovió mucho en esta zona habría sido alrededor del 8.000 a.C., durante el ascenso del Mediterráneo y antes de la inundación del Mar Negro.

Junto al geólogo Robert M. Schoch, de la Universidad de Boston, participaron en la investigación Thomas L. Dobecki, geofísico de Houston, y John Anthony West, egiptólogo de Nueva York.

El equipo científico demostró que el lecho de piedra caliza que rodea el monumento, parte del cual quedó al descubierto cuando la Esfinge fue tallada por primera vez, se ha erosionado durante mucho más tiempo del que se pensaba.

Además, las importantes diferencias de erosión entre la Esfinge y otras estructuras de origen inconfundible indicaban además que la Esfinge era una estructura mucho más antigua.

El equipo también realizó las primeras pruebas sísmicas permitidas en el yacimiento, que esencialmente revelan la edad de una estructura midiendo cómo se mueven las ondas sonoras a través de la roca. Como la erosión crea poros en las rocas, la velocidad a la que se desplazan las ondas puede informar a los científicos sobre la porosidad de la roca, y las ondas sonoras pueden medir qué parte de la estructura se ha erosionado. A su vez, esto les indica cuánto tiempo ha estado expuesta a los elementos.

Ni que decir tiene, y como era de esperar, que los egiptólogos siguen manteniendo que la Gran Esfinge debió de ser creación de Jafre, no sólo porque está contenida en el mismo complejo de tumbas, sino porque, como indican, la cara de la Esfinge también se parece a la de Jafre. Sin embargo, es interesante que el mismo tipo de pruebas realizadas en la cara de la Esfinge señalen que la cabeza es tan antigua como su cuerpo, lo que la hace mucho más antigua que el resto de los monumentos. En última instancia, el Sr. Schoch y su equipo concluyeron que cuando Khafre comenzó la construcción en este sitio, no sólo pudo haber reformado el monumento, sino que también pudo haber alterado la cara.

Si el Sr. Schoch y su equipo están en lo cierto en su evaluación, quedan algunas preguntas por responder. ¿Quién construyó la Gran Esfinge hace casi 10.000 años y por qué?

¿Es posible que el surgimiento de la civilización egipcia en torno al tercer milenio a.C. no fuera una novedad, sino un legado que continuó sobre una cultura mucho más antigua en la zona? Y lo que es más importante, ¿la conclusión de que otra civilización prehistórica erigió esta gran estructura valida aún más todos los demás rumores que rodean a este monumento?

Más exactamente, se ha afirmado que hay cavidades bajo la Esfinge, incluida una que alberga la Sala de los Registros.

Para los que no estén familiarizados con esta historia, se cree que el Salón de los Registros es una pequeña cámara bajo la Esfinge que albergaba la historia de la Atlántida. También es la forma en que, según se dice, los sacerdotes egipcios conocieron inicialmente la civilización perdida.

Sorprendentemente, la creencia de que existen cavidades bajo el monumento, así como una tumba perteneciente al rey Harmais, no es una afirmación reciente. Fue sugerida por primera vez por Plinio el Viejo (23 d.C.-79 d.C.), un renombrado autor y comandante militar romano, que escribió:

Las otras tres pirámides, cuya fama ha llegado a todas partes del mundo, son por supuesto visibles para los viajeros que se acercan por el río desde cualquier dirección. Se alzan sobre una colina rocosa en el desierto, en el lado africano del río, entre la ciudad de Menfis y lo que, como ya hemos explicado, se conoce como el Delta, en un punto situado a menos de 4 millas del Nilo y a 7 millas y media de Menfis. Cerca de allí hay un pueblo llamado Busiris, donde hay gente acostumbrada a escalar estas pirámides.

Frente a ellos se encuentra la Esfinge, que merece ser descrita incluso más que ellos, y sin embargo los egipcios la han pasado por alto en silencio. Los habitantes de la región la consideran una deidad. Opinan que un rey Harmais está enterrado en su interior e intentan hacer creer que fue traída al lugar: de hecho, está cuidadosamente modelada a partir de la roca nativa.

La cara de la monstruosa criatura está pintada con rudimentos en señal de reverencia. La circunferencia de la cabeza cuando se mide a través de la frente asciende a 102 pies, la longitud es de 243 pies, y la altura desde la panza hasta la parte superior del áspid en su cabeza es de 61 1/ pies.

Aunque los arqueólogos actuales niegan categóricamente la existencia de tal cámara, el radar de penetración del suelo implica que, efectivamente, hay cavidades inexplicables bajo este monumento. Si es así, ¿tenía razón Plinio el Viejo? Tal y como afirmaron otros investigadores anteriormente, ¿es posible aceptar que, en torno al 10.500 a.C., los atlantes sellaran la sala con los registros de su conocimiento acumulado, al igual que hicieron los hebreos con los Rollos del Mar Muerto 8.000 años después?

Muchos egiptólogos de la corriente principal no están de acuerdo. De hecho, no sólo niegan tales afirmaciones, sino que, sorprendentemente, también descartan la investigación del Sr. Schoch. Según ellos, "la gente de esa región no habría tenido la tecnología, las instituciones de gobierno, ni siquiera la voluntad de construir una estructura así miles de años antes del reinado de Khafre". Sin embargo, ¿por qué descartan la investigación científica e insisten en sus conclusiones anteriores? Su evaluación de que la Gran Esfinge es una estructura mucho más antigua no se alcanzó sin los datos científicos que la respaldan.

Ignorar selectivamente los resultados científicos y la noción de "lo que no sabemos o no entendemos simplemente no existe" está lejos de ser científico. Adoptar tal posición en contra de las pruebas, por no hablar de los testimonios antiguos, casi nos devuelve a una época en la que insistíamos en que la Tierra era plana.

Sin embargo, justo cuando más críticos empezaban a recordarnos que nadie tan temprano en el tiempo podría haber construido el monumento de la Esfinge, para asombro de todos, otro notable descubrimiento en la región mediterránea demostró una vez más que nuestros antepasados de hace 12.000 años eran más avanzados y capaces de lo que estamos dispuestos a darles crédito. Sin duda, este último hallazgo no sólo refuerza la afirmación del Sr. Schoch de que la Esfinge pudo haber sido creada hace 10.000 años, sino que confirma aún más el testimonio de Platón sobre otra civilización avanzada en la zona durante nuestra prehistoria.

El 19 de febrero de 2010, Newsweek publicó un artículo titulado "History in the Remaking: Un complejo de templos en Turquía que es anterior incluso a las pirámides está reescribiendo la evolución humana".

Gobekli Tepe, actualmente el yacimiento arqueológico más antiguo del mundo, se estima que fue erigido hace 12.000 años, si no antes.

Se trata de un enorme yacimiento que cuenta con veinte grandes estructuras redondas de hasta 30 metros de diámetro cada una. Cada estructura redonda cuenta con enormes pilares en forma de T (algunos de hasta 6,9 metros o 22 pies de altura), que en un momento dado sostenían un sistema de techo por encima. En estos pilares en forma de T hay grabados animales como zorros, leones, hienas, grullas, patos, escorpiones y serpientes, entre otros.

. . .

Aunque no se sabe mucho de este increíble yacimiento arqueológico que es anterior a las pirámides en al menos 7.000 años, Gobekli Tepe valida aún más las afirmaciones anteriores de que los humanos prehistóricos estaban más organizados y avanzados de lo que los historiadores y antropólogos estaban dispuestos a aceptar.

En contra de las crecientes pruebas que apuntan hacia esa conclusión, algunos escépticos siguen sosteniendo que Gobekli Tepe refuta la idea de una sociedad organizada en la época, ya que sus estructuras, según ellos, fueron construidas sin la infraestructura de una civilización conocida.

¿Es posible, entonces, que las dos docenas o más de conjuntos monumentales de este yacimiento que implican cierta complejidad y organización que rivaliza con las de la antigua Sumeria fueran construidas por una horda de cazadores y recolectores en su tiempo libre, o es que Gobekli Tepe por sí mismo es un argumento a favor de esa temprana organización humana?

Tampoco debemos ignorar la posibilidad de que este megasitio, aunque inicialmente fue calificado por sus fundadores como un lugar de culto, podría haber sido en cambio un asentamiento humano temprano. Los indicios de actividades cotidianas, como la talla de sílex y la preparación de alimentos, sugieren que Gobekli Tepe podría haber sido en parte un sitio residencial con una pequeña población. En un estudio publicado en Current Anthropology en 2011, el arqueólogo Ted Banning, de la Universidad de Toronto, argumentó que algunos de los grandes edificios, especialmente aquellos con los pilares decorativos, podrían haber sido grandes casas comunales "similares en cierto modo a las grandes casas de tablones de la costa noroeste de América del Norte, con sus impresionantes postes de la casa y los tótems." De ser así, dijo Banning, "probablemente habrían albergado hogares bastante grandes, un ejemplo extremadamente temprano de lo que el antropólogo francés Claude Lévi-Strauss llamó 'sociedades de casas'. Este tipo de sociedades suelen utilizar las estructuras de las casas para la exhibición competitiva, los lugares para los rituales y los símbolos explícitos de las unidades sociales."

Otros asentamientos prehistóricos de la región con estructuras circulares como el de Khirokitia en Chipre o la ciudad de Jericó en Palestina, entre otros, no sólo sugieren que sus constructores podrían haber ocupado Gobekli Tepe, sino que este megasitio refuerza la sugerencia de una civilización prehistórica avanzada en la región.

¿Es posible que Gobekli Tepe y la Gran Esfinge sean restos de la misma civilización avanzada de la que hablaba Platón, una que avanzaba agresivamente hacia el este contra sus vecinos? ...una poderosa hueste, que,... avanzaba insolentemente para atacar a toda Europa, y a Asia, además.

Si es así, ¿es posible también suponer que los oprimidos, después del cataclismo y a la primera oportunidad, enterraron el puesto de avanzada de Gobekli Tepe, eliminando así la posibilidad de que los intrusos volvieran a establecer el control sobre esa zona? Según el arqueólogo jefe de Gobekli Tepe, Klaus Schmidt, el yacimiento no sólo fue abandonado bruscamente en torno al 8.000 a.C., sino que fue enterrado deliberadamente de una sola vez. Así es como los arqueólogos explican que la mayoría de las estructuras de este yacimiento permanecieran intactas.

Esta no sería la primera vez que un pueblo oprimido aprovecha un desastre natural para atacar a sus opresores.

Cuando un gran terremoto asoló Esparta en el año 464 a.C. cobrándose la vida de veinte mil espartanos, durante el caos que siguió, los helotas (población oprimida para los espartanos) se rebelaron contra Esparta con la esperanza de liberarse.

De hecho, como los espartanos fueron incapaces de derrotarlos, llegaron a un acuerdo que permitía a los helotas abandonar el Peloponeso (lugar en el que se había instalado Esparta) y no volver jamás.

Pero, ¿qué pasó con los opresores atlantes? ¿A dónde fueron después de perder el control de la región? ¿Desaparecieron? Por supuesto que no. Al igual que los minoicos postatlánticos, que tras la erupción volcánica de Santorini se dispersaron hacia el este, ¿es posible que el último Gran Diluvio obligara a los restos de esa cultura antaño avanzada a adentrarse en la región de Mesopotamia, donde finalmente ayudaron a la población local a establecer otra gran civilización, como la de la antigua Sumer? ¿Es posible que los refugiados de esta cultura mediterránea, que poco a poco se disgregó sobre la región mesopotámica entre el 8.000 y el 7.000 a.C., trajeran consigo la historia del "Gran Diluvio" y, junto con ella, algunas de sus habilidades tecnológicas, incluyendo la agricultura y la astronomía? Si no es así, ¿quiénes eran entonces los "misteriosos" protoeufratinos, como los llaman hoy los arqueólogos, que descendieron a Mesopotamia desde una región "desconocida" y sentaron las bases sobre las que se construyó la civilización sumeria?

Por los movimientos históricos del haplogrupo X, sabemos que esta cultura del Mediterráneo oriental no sólo se desplazó hacia el este, hacia la región de Mesopotamia, sino que siguió avanzando hasta el sur de Rusia y la región de la República de Altai, el punto más lejano hacia el este en el que se han encontrado rastros del haplogrupo X.

Mientras que la mayoría se dirigió hacia la actual Turquía y Grecia, otros se desplazaron más al oeste a pie o en barco.

Los que se desplazaron en barco debieron seguir la misma ruta insular hacia el oeste (Inglaterra, Islas Orcadas, Islas Feroe, Islandia) hasta que, de nuevo, acabaron en Norteamérica, donde dejaron más de su huella genética. Esto, tal vez, no sólo explique por qué la segunda mayor concentración de haplogrupo X lejos del Mediterráneo existe en torno a Terranova y los Grandes Lagos, sino que esta última oleada hacia el oeste también explica el hecho de que algunos científicos crean ahora que no hubo una sino dos migraciones transatlánticas distintas del haplogrupo X hacia Norteamérica durante nuestra prehistoria.

Pero, ¿por qué? ¿Por qué el éxodo masivo de Oriente Medio cuando los océanos ya se habían estabilizado? No ignoremos el hecho de que, tras el fin de la última Edad de Hielo, el Mediterráneo oriental, Oriente Medio y el Creciente Fértil comenzaron a transformarse también.

. . .

Siglo a siglo, las temperaturas en esa región empezaron a subir y, finalmente, el territorio que antes era semitropical se convirtió en la región seca que todos conocemos hoy. Incluso aquellos que inicialmente huyeron hacia el interior para escapar de las inundaciones, tuvieron que volver a marcharse en busca de territorios fértiles para cultivar y criar animales.

Sabiendo esto, no fue una gran sorpresa escuchar que recientes pruebas de ADN revelaron que quienes construyeron Stonehenge en el sur de Inglaterra eran una cultura del Mediterráneo oriental, que descendió a la región miles de años antes. En otras palabras, estos habitantes de Oriente Medio bien podrían haber sido refugiados de la misma cultura post-atlante que se dispersó tras la subida de los océanos y siguió avanzando hacia el oeste, buscando una nueva patria y condiciones favorables para restablecerse. Al fin y al cabo, el estudio señalaba que algunos de estos pueblos mediterráneos llegaron a Inglaterra con barcos a través de saltos de isla. Si es así, ¿es posible entonces suponer que Stonehenge, al igual que Gobekli Tepe, fue otro "marcador" de identidad monumental circular erigido por los mismos pueblos mediterráneos, otra exhibición quizás que delimitaba su presencia en su recién encontrada "patria"? Al igual que otros grandes monumentos, como las pirámides de Egipto y las de Mesopotamia y Centroamérica, no sólo esas estructuras representaban asambleas ceremoniales, sino que para los forasteros eran símbolos innegables de fuerza y capacidad.

Realmente, al margen de su finalidad o funcionalidad última, la presencia de estructuras megalíticas siempre fue de gran importancia para la mayoría de las civilizaciones del mundo. Desde el Paleolítico hasta el Neolítico, pasando por la Edad de Bronce y más allá, hay miles de proyectos y estructuras megalíticas en todo el mundo que simplemente simbolizan el poder de quienes las eligieron.

Un artículo publicado por **BBC** News el 16 de abril de 2019, señalaba, Stonehenge: El **ADN** revela el origen de los constructores.

Los investigadores compararon el **ADN** extraído de los restos humanos del Neolítico encontrados en todo el mundo con el de personas vivas en la misma época en Europa.

Los habitantes del Neolítico descendían de poblaciones originarias de Anatolia (la actual Turquía) que se trasladaron a Iberia antes de dirigirse al norte. Llegaron a Gran Bretaña en torno al 4.000 a.C. (Los detalles se han publicado en la revista Nature Ecology & Evolution).

. . .

La migración a Gran Bretaña fue sólo una parte de una expansión general y masiva de personas desde Anatolia en el año 6.000 a.C. que introdujo la agricultura en Europa.

Antes de eso, Europa estaba poblada por pequeños grupos itinerantes que cazaban animales y recolectaban plantas silvestres y mariscos.

El ADN revela que los británicos del Neolítico descienden en gran medida de grupos que tomaron la ruta del Mediterráneo, abrazando la costa o saltando de isla en isla en barcos.

A la luz de esto, sabiendo ahora que Stonehenge fue erigido por un grupo de emigrantes de Oriente Medio que empezaron a llegar a Inglaterra en barcos alrededor del 4.000 a.C., ¿es posible asumir que una docena más de sitios megalíticos no tan conocidos con arreglos circulares de piedra alrededor de Inglaterra, Irlanda, Escocia y las Islas Orcadas podrían ser todos marcadores territoriales o de identificación adicionales erigidos progresivamente por la misma gente a medida que reclamaban territorios adicionales?

. . .

Después de todo, al comparar sitios megalíticos de piedra como el Círculo de los Druidas, el Círculo de Piedra de Swinside, Castlerigg, las Piedras de Rollright, el Círculo de Piedra de Drombeg, el Círculo de Piedra de Carrigagulla, las Piedras de Callanish y el Anillo de Brodgar, entre otros sitios, no sólo estos círculos parecen haber sido erigidos de la misma manera por la misma cultura, sino que, por cierto, todos han sido levantados durante el tercer milenio antes de Cristo.

Aunque algunos de estos lugares parecen tener alineaciones astronómicas, lo que lleva a algunos expertos a creer que el único propósito de los círculos de piedra era servir como observatorios de estrellas, otros, como Kenneth Brophy, de la Universidad de Glasgow (Escocia), subrayan que no hay nada que podamos ver en los prehistóricos que sugiera que tenían esta visión tan matemática del mundo. De hecho, la astronomía por sí sola no puede explicar la necesidad de levantar proyectos tan colosales como Stonehenge para seguir a la Luna y al Sol. Sólo para ese propósito, debería haber bastado con un montaje ordinario.

Por supuesto, otros creen que los círculos de piedra eran lugares en los que podían celebrarse rituales sociales para honrar a los muertos. Si bien es cierto que hay pruebas de enterramientos e incineraciones en algunos de estos lugares, sobre todo en Stonehenge, erigir una estructura monumental como Stonehenge con la única intención de utilizarla como cementerio o para realizar rituales sigue desafiando la lógica.

Es importante recordar que estos proyectos megalíticos, que parecen aparecer de la nada en Inglaterra, Irlanda, Escocia y otros lugares del mundo, pueden atribuirse con toda probabilidad al mismo grupo de habitantes de Oriente Medio que durante el tercer milenio a.C. descendieron a estas tierras en busca de un nuevo hogar.

La construcción de círculos de piedra y el grabado de símbolos de identificación fueron probablemente la forma en que estos pueblos marcaron sus nuevos territorios y transmitieron su presencia.

Al fin y al cabo, no debemos ignorar que la reclamación de tierras mediante estacas o pilotes de piedra fue una práctica común desde la antigüedad hasta los tiempos modernos. Durante el periodo colonial de Estados Unidos, los hombres americanos siguieron reclamando un terreno para sí mismos mediante estacas. Más tarde, en los tiempos modernos, las reclamaciones mineras en Estados Unidos marcaban de forma similar los límites de la reclamación, ya sea con postes de madera, postes de acero con tapa o mojones de piedra de un metro de altura.

. . .

Sin embargo, si los círculos de piedra eran marcadores territoriales o antiguas disposiciones calendáricas que preveían la llegada de las estaciones (permitiendo a la gente saber cuándo plantar o cosechar sus cultivos), una vez más, ¿por qué su enorme tamaño? La decisión de refabricar una estructura que podría haber funcionado a menor escala, y transformarla en algo colosal, apunta claramente a la probabilidad de que hubiera otro propósito detrás de esa necesidad. ¿Y si estos círculos de piedra no eran sólo asambleas rituales, sino que pretendían significar el estatus y la capacidad de quienes los erigían, como también sugirió Kenneth Brophy?

"Tenemos que entender a estas personas a través de las estructuras de poder en la sociedad, en lugar de hacer hincapié en las medidas matemáticas arcanas".

Además, aunque para los espectadores el tamaño de estos monumentos significaba sin duda el poderío de quienes los levantaban, no debemos ignorar la posibilidad de que estos conjuntos megalíticos, al igual que los anillos concéntricos tallados en los montones de piedra en pie, pudieran haber servido también como símbolos de identidad al conmemorar el lugar de origen de estos pueblos.

Al igual que los cristianos, los musulmanes, los judíos y otras culturas en los últimos 2.000 años se han identificado con sus propios signos religiosos, los círculos de piedra y las marcas que representan anillos concéntricos no sólo pretendían conmemorar el lugar de origen de estos pueblos (una isla circular con anillos concéntricos de tierra y agua), sino que, en esencia, estos símbolos también podrían haberse utilizado para la identificación cultural cuando estaban lejos de casa. Los círculos de piedra y las marcas con anillos concéntricos debían ser su "tarjeta de visita" o marca registrada, por así decirlo.

Asimismo, antes de que la cruz se convirtiera en el símbolo oficial del cristianismo, durante los primeros siglos después de Cristo, mientras el cristianismo se expandía por el Mediterráneo, pero los romanos perseguían a los fieles, los cristianos utilizaban ampliamente el símbolo del pez para denotar los lugares de reunión y de culto, marcar las tumbas en las catacumbas y, en definitiva, distinguir a los amigos de los enemigos. Al ver el pez, los creyentes sabían que estaban en buena compañía.

En cuanto a los círculos de piedra, resulta especialmente interesante que en griego el nombre Cícladas signifique "un ciclo o formación circular". En efecto, tras la inundación de la superisla, las cimas de las montañas que rodean el valle oblongo se convirtieron en un círculo de islas. También es importante mencionar que el nombre de las Cícladas no es moderno, sino que se remonta a la antigüedad. ¿Hay algún significado en ello?

. . .

Los arqueólogos dirán hoy que los antiguos griegos dieron su nombre a las islas Cícladas porque forman un círculo aproximado alrededor de la isla de Delos, lugar de nacimiento de Artemisa y Apolo. Sin embargo, el problema de esta teoría es que la isla de Delos no está ni siquiera cerca del centro del círculo, sino que forma parte de él. ¿Es posible entonces que los arqueólogos se equivoquen en su suposición? Si el nombre de las Cícladas se remonta a la antigüedad, ¿no es más probable que sean los habitantes originales de la superisla, y no los griegos, los que estén detrás de ese nombre tan particular? Además, los propios griegos también fueron un producto derivado de esta civilización prehistórica precicládica.

Más concretamente, los micénicos y los minoicos, tal y como los conocemos hoy, surgieron de este mismo grupo de personas que consiguieron escapar de la inundación unos milenios antes. Los que emigraron a Creta se restablecieron como la civilización minoica durante el tercer milenio a.C., mientras que los que se trasladaron a la vecina Grecia resurgieron durante el segundo milenio a.C. como los micénicos.

Un estudio reciente sobre el ADN antiguo confirmó con certeza que los minoicos y los micénicos eran extremadamente similares desde el punto de vista genético y que los griegos modernos ascendieron en última instancia de estas "dos" poblaciones. El estudio también señaló que los antepasados de los minoicos y micénicos eran una cultura de agricultores neolíticos, otro detalle que valida aún más la afirmación de Platón de que los que él llamaba atlantes se dedicaban a la agricultura a gran escala.

Aunque hoy en día muchos historiadores apoyan la opinión de que con el tiempo los minoicos influyeron mucho en los micénicos, lo cierto es que no reconocen que ambas civilizaciones se remontan y conectan con la misma cultura precicládica que sobrevivió a la inundación. Lo que los historiadores perciben como influencias son verdaderas conexiones hereditarias entre las "dos culturas". De hecho, ambas civilizaciones utilizan una arquitectura similar, ambas entierran a sus muertos en estructuras circulares llamadas "tholoi", ambas comparten un arte similar y se sabe que ambas son sociedades mercantiles.

Sabiendo esto, sabiendo que estos pueblos eran conscientes de su pasado y que fueron capaces de llevar adelante algunos de sus primeros oficios y tradiciones, ¿es posible aceptar que el nombre de Cícladas fuera también un nombre dado a este conjunto de islas por alguno de estos dos grupos postcicládicos, que los griegos adoptaron posteriormente? Por supuesto, es posible. ¿Es también concebible suponer que las formaciones de círculos de piedra erigidas por estos pueblos en tierras extranjeras, tras el Gran Diluvio y a lo largo del tercer milenio antes de Cristo, fueran en recuerdo de su tierra natal y del círculo de islas que dejaron atrás? Si es así, al igual que los círculos de piedra podrían haber conmemorado la transformación de la superisla, las tallas de anillos concéntricos simbolizaban el lugar donde se encontraba la ciudad de la corona de la Atlántida.

Al igual que hicieron los cristianos perseguidos, cuando los atlantes siguieron emigrando cada vez más lejos de su tierra natal y en el proceso reclamaron más tierras, también siguieron erigiendo círculos de piedra o tallando marcas con anillos concéntricos para denotar su presencia.

El hecho de que existan tallas idénticas en piedras en pie en diferentes países y lugares, con fuertes rastros del haplogrupo X, apoya aún más la noción de que el mismo grupo de personas creó las formaciones de piedra en círculo y las tallas en pilas de piedra.

Al fin y al cabo, estas tallas y círculos parecen estar en países y lugares en los que el haplogrupo X (o mejor aún, los atlantes de Platón) habrían navegado o se habrían establecido mientras viajaban desde el Mediterráneo al Nuevo Mundo en busca de un nuevo hogar.

. . .

De hecho, varios yacimientos presentan símbolos tallados de anillos concéntricos y formaciones de círculos megalíticos en Inglaterra, Irlanda, Escocia y alrededor del Mediterráneo.

No sólo los vemos en tierra, sino que, al parecer, algunos acabaron bajo el agua, bien perdidos por la subida de los mares junto con la meseta de las Cícladas o en los años siguientes.

8

Las Cosas Que Perdimos En El Agua

ATLIT YAM, frente a la costa de Atlit (Israel), es uno de esos asentamientos neolíticos perdidos por la subida del mar. En 1984, el arqueólogo marino Ehud Galili vio por primera vez sus antiguas ruinas mientras buscaba naufragios en la zona.

En su lugar, se encontraron restos de casas rectangulares y fogones. La datación por carbono determinó que el yacimiento tenía unos 8.300 años de antigüedad, un periodo que coincide con el final del ciclo de inundaciones del Mediterráneo.

Lo más destacable de este yacimiento de 40.000 metros cuadrados es que el asentamiento está definido por un círculo de piedra megalítico, al igual que los círculos que suelen verse en varios lugares de Europa e Inglaterra.

. . .

Este descubrimiento no sólo ayuda a identificar a los ocupantes de Atlit Yam, sino que además corrobora una conclusión anterior según la cual la práctica de erigir círculos debió de comenzar después de la inundación y, como demuestran más pruebas, la tradición terminó con su migración final hacia el oeste durante el tercer milenio a.C., justo antes del comienzo de nuestra historia registrada. Para entonces, la era de la migración humana terminó y comenzó la era de la protección de los territorios establecidos.

En cuanto a Atlit Yam, aunque el yacimiento acabó perdiéndose por la subida del mar, irónicamente, un examen más detallado reveló que la subida del mar no fue la causa del abandono del yacimiento. Los montones de pescado listos para el comercio o el almacenamiento que se encontraron en el lugar llevaron a los científicos a concluir que la aldea fue abandonada de forma bastante abrupta.

Un estudio italiano dirigido por Maria Pareschi, del Instituto Nacional Italiano de Geofísica y Vulcanología de Pisa, demostró que un colapso volcánico del flanco oriental del monte Etna, hace aproximadamente 8.500 años, fue probablemente la causa de ello. El estudio demostró que el desprendimiento del volcán colapsado hacia el mar generó un gigantesco tsunami de 40 metros de altura, que engulló en pocas horas varios yacimientos neolíticos costeros del Mediterráneo oriental, entre ellos Atlit Yam.

El tsunami no sólo destruyó gran parte del asentamiento tras el impacto, sino que posteriormente se determinó que contaminó los pozos de agua dulce de los alrededores, lo que obligó a la gente a abandonar el lugar de forma permanente.

La catástrofe del Etna, que debió de inundar otros asentamientos costeros, valida la conclusión anterior de que la región que rodea el Mediterráneo oriental y las islas del Egeo se definió en última instancia por una catástrofe natural tras otra. La mención que hace Platón de los terremotos y las inundaciones en plural no sólo implica que la destrucción de la Atlántida fue gradual, sino que además sugiere que todo el Mediterráneo oriental sufrió una importante transformación después de que el mar inundara la isla de la Atlántida.

Una vez que la subida del mar inundó la meseta de las Cícladas y los habitantes de las superislas se dieron cuenta de que el mar estaba subiendo, no retrocediendo, muchos empezaron a abandonar las elevaciones de la isla y comenzaron a huir hacia el interior, buscando nuevas costas para restablecerse. Por desgracia, como no tenían ni idea de que los océanos seguirían subiendo durante otros mil años, siguieron reconstruyendo mientras la subida del mar reclamaba más y más asentamientos costeros.

Un artículo publicado por Plos One el 18 de diciembre de 2019, con el título "A submerged 7,000-year-old village and seawall demonstrate earliest known coastal defense against sea-level rise" (Un pueblo sumergido de 7.000 años de antigüedad y un muro de contención demuestran la primera defensa costera conocida contra el aumento del nivel del mar), informaba de que las investigaciones arqueológicas subacuáticas realizadas frente a la costa del Carmelo de Israel (cerca de Atlit Yam) habían encontrado otros quince asentamientos neolíticos sumergidos a distintas profundidades a lo largo de la costa. Uno de esos asentamientos sumergidos, Tel Hreiz, presentaba un muro de contención destinado a proteger el lugar de la subida del nivel del mar.

Este descubrimiento demuestra un par de conclusiones anteriores. En primer lugar, la existencia del dique demuestra que los neolíticos eran conscientes de la subida del mar.

. . .

El hecho de que se hayan encontrado otros quince asentamientos sumergidos a distintas profundidades a lo largo de la costa del Carmelo también revela que no tenían ni idea de cuánto duraría este fenómeno, por lo que cada vez que se retiraban al interior para escapar de la inundación, permanecían cerca de las antiguas costas. Este descubrimiento confirma finalmente que la mayor parte de las pruebas del desarrollo humano primitivo, al menos hasta que los océanos se estabilizaron, se encuentran a diversas profundidades bajo el nivel del mar.

Una aldea sumergida de 7000 años de antigüedad y un malecón demuestran la primera defensa costera conocida contra la subida del nivel del mar.

Informamos de los resultados de las investigaciones arqueológicas subacuáticas en el asentamiento neolítico sumergido de Tel Hreiz (7500-7000 BP), frente a la costa del Carmelo en Israel. El yacimiento arqueológico subacuático ha proporcionado restos arquitectónicos, de artefactos, de fauna y humanos bien conservados. Examinamos y discutimos el notable descubrimiento reciente de un elemento lineal, construido con rocas, de más de 100 m de longitud, situado hacia el mar del asentamiento. Basándonos en el contexto arqueológico, el modo de construcción y la datación radiométrica, demostramos que el elemento fue contemporáneo al asentamiento neolítico inundado y concluimos que sirvió de dique de contención, construido para proteger el pueblo contra la subida del nivel del mar Mediterráneo. El malecón es único para la época y es la defensa costera más antigua conocida en todo el mundo. Su longitud, el uso de grandes rocas no locales y su disposición específica en el paisaje reflejan el gran esfuerzo invertido por los habitantes del poblado neolítico en su concepción, organización y construcción. Sin embargo, esta acción social diferenciada y esta muestra de resistencia resultaron ser una solución temporal y, finalmente, el poblado fue inundado y abandonado...

A lo largo de 20 km de la costa del Carmelo, en el norte de Israel, se han descubierto un total de quince asentamientos neolíticos que fueron inundados por la subida del nivel del mar tras la glaciación. Antes de la inundación, los yacimientos fueron cubiertos rápidamente por una capa de arena que contribuyó a su conservación.

Los análisis arqueológicos de estos asentamientos sumergidos han demostrado que existe una correlación entre la profundidad y la antigüedad del yacimiento. Los yacimientos más antiguos se encuentran a mayor profundidad y más lejos de la costa que los más jóvenes, situados más cerca de la costa actual. Esto también representa una correlación directa entre la subida del nivel del mar y el abandono de los asentamientos costeros y su traslado hacia el este. El primer yacimiento sumergido del que se tiene constancia, Atlit-Yam, está situado a 200-400 m de la costa, a una profundidad de entre -8 y -12 m, y representa una aldea permanente del Neolítico Prealfarero C tardío (PPNC) datada entre 9120 y 8500 BP. Otros quince asentamientos inundados datan de la época más reciente de finales del octavo milenio a.C. y están asociados a la cultura del Neolítico Alfarero tardío (PN) de Wadi Rabah, mientras que otro yacimiento data de la cultura PN de Lodian, ligeramente anterior. Todos los yacimientos del PN están situados a 1-200 m de la costa, a una profundidad de 0-5 m por debajo del nivel del mar...

En 2012 y 2015, tras las tormentas invernales, quedó parcialmente al descubierto un elemento lineal largo construido con cantos rodados y situado a una profundidad de 3 m en el lado del mar (oeste) del asentamiento inundado de Tel Hreiz. En este artículo demostramos que la aldea, ahora sumergida, estaba directamente asociada a este elemento, cuyos restos interpretamos como un malecón. Fue construido deliberadamente por los aldeanos neolíticos y su objetivo era proteger el asentamiento de las olas y la erosión marina tras la subida del nivel del mar postglacial... Las numerosas características únicas relacionadas con la construcción del dique de Tel Hreiz, además de su orientación, tamaño, forma y ubicación hacia el mar en relación con el asentamiento y adyacente a la paleolínea, demuestran que es poco probable que se haya construido con otro propósito... Es posible que el malecón haya funcionado durante un tiempo, pero al final resultó inútil y el pueblo fue abandonado. El dique de Tel Hreiz representa el primer ejemplo de defensa costera de este tipo conocido hasta la fecha...

Se ha sugerido que los considerables muros de piedra encontrados en los yacimientos neolíticos prealfareros de Jericó (Autoridad Palestina) y en Wadi Abu Tulayha y Wadi Ruweishid ash-Sharqi (cuenca de Jafr, sureste de Jordania), se construyeron para la gestión del agua (una barrera para las aguas de inundación y muros de contención, respectivamente). Son anteriores al dique de contención de Tel Hreiz; se construyeron con fines distintos y utilizaron métodos de construcción diferentes.

No obstante, estos ejemplos atestiguan la capacidad de las comunidades neolíticas del sur de Levante para planificar, construir y mantener instalaciones para controlar el agua, al igual que los pozos de agua excavados y construidos que se han descubierto en varios de los yacimientos neolíticos sumergidos...

Los pueblos prehistóricos sumergidos frente a la costa del Carmelo, en Israel, no son los únicos asentamientos hallados recientemente. Desde el anterior artículo de Plos One, han salido a la luz más yacimientos prehistóricos sumergidos, esta vez desde el lado opuesto del Atlántico. Un reciente artículo del USA Today, fechado el 14 de octubre de 2020, con el título "Una Atlántida podría esperar bajo los Grandes Lagos". Y un grupo de no científicos podría tener la prueba", informaba de un círculo de piedras junto con arreglos lineales de piedra, encontrados recientemente en el fondo del lago en el Estrecho de Mackinac por un equipo de ciudadanos tribales nativos americanos. Si estas formaciones están hechas por el hombre, se estima que fueron colocadas allí cuando la zona del estrecho estuvo por última vez sobre el agua, cerca del final de la última Edad de Hielo, hace unos 10.000 años.

Cabe mencionar que los Grandes Lagos durante esta época no existían como los conocemos hoy. A medida que los glaciares se desplazaban y retrocedían, hace entre 9.000 y 11.000 años, los niveles de agua de los lagos Michigan y Hurón eran 300 pies más bajos.

Esto significó que miles de kilómetros cuadrados de tierra fértil cerca del agua quedaron expuestos y disponibles para la caza y los nuevos asentamientos.

¿Es posible que el círculo de piedras avistado en el Estrecho de Mackinac sea una estructura de caza, como teorizan algunos, o un marcador territorial más de un asentamiento prehistórico formado por la misma cultura que estableció el Atlit Yam al otro lado del Mundo? No debemos ignorar que las migraciones genéticas indican que, una vez que el haplogrupo X llegó al Nuevo Mundo, se estableció en torno a Terranova y a varios estados del noreste, desde Maine hasta Virginia, y hacia el oeste en torno a la región de los Grandes Lagos. Encontrar indicios de asentamientos prehistóricos, círculos de piedra o marcadores territoriales de anillos concéntricos en esta región, incluso en el fondo de los Grandes Lagos, no sería una sorpresa, ya que se trataba de tierras áridas y terrenos de primera categoría durante ese período.

Conclusión: Cuanto Más Sabemos

Dado que la migración del haplogrupo X al Nuevo Mundo fue un hecho real, con el tiempo se encontrarán, analizarán y verificarán las pruebas de quienes lo trajeron.

Como en el caso de un par de antiguos círculos de piedra ya encontrados por terratenientes privados en Massachusetts y Virginia, pero cuya importancia muy probablemente pasó desapercibida, esperemos que los arqueólogos que se topen con tales hallazgos en el futuro tengan una mentalidad más abierta y no permitan que los tabúes o las creencias del pasado retengan las pruebas o afecten a su juicio.

Teniendo en cuenta que muchas personas optan por adherirse sólo a la historia que ya conocen, la mayoría nunca contemplará la posibilidad de que una cultura de

Conclusión: Cuanto Más Sabemos

Oriente Medio pueda estar detrás de cualquier monumento prehistórico encontrado en Norteamérica.

Aunque la presencia del haplogrupo X demuestra que un grupo del Mediterráneo oriental llegó al Nuevo Mundo durante nuestra prehistoria, tal pensamiento sería considerado una herejía para muchos. Así que hasta que un arqueólogo lo suficientemente valiente demuestre lo contrario, hasta entonces, la mayoría de los "expertos" llegarán a la misma conclusión típica de que todos los yacimientos prehistóricos y los círculos de piedra son paleoamericanos y se utilizaron con fines rituales o para la observación de las estrellas. Sin embargo, ¿lo son? ¿Se sabe que las tribus nativas americanas estaban obsesionadas con la observación de las estrellas hace 10.000 años? ¿Y qué hay del hecho de que un círculo de piedra encontrado en Heath, Massachusetts, se parezca a otros círculos de piedra prehistóricos dispersos por toda Inglaterra? ¿Es por pura coincidencia?

Mientras que, por supuesto, tenemos detalles de todos los círculos de piedra de Inglaterra, en el caso del "Círculo de Piedra de Burnt Hill", en Massachusetts, nadie sabe de dónde proceden los veintiún cantos rodados, cómo se transportaron las piedras al lugar (algunas son enormes), quién lo construyó, cuándo se creó o cuál fue su propósito. Los investigadores primero plantearon la hipótesis de que un agricultor del siglo XIX erigió las rocas como marcadores de propiedad, pero como el lugar parecía

Conclusión: Cuanto Más Sabemos

tener varios cientos de años más, esa teoría se descartó rápidamente. Algunos teorizaron que la cima de la colina donde se encuentra el círculo de piedras megalíticas podría haber sido utilizada como un antiguo observatorio, pero como nadie pudo apoyar adecuadamente esta hipótesis, pronto se abandonó también.

Otros especularon con la posibilidad de que las tribus nativas americanas hubieran erigido el lugar, pero incluso eso sigue siendo incierto. En otras palabras, nadie sabe cuántos años tiene este sitio, quién lo erigió o cuál era su propósito.

Otro "misterioso" yacimiento paleolítico cerca de Bluemont, Virginia, que presenta un monumento de anillos concéntricos de piedra, algunos de los cuales pesan más de una tonelada, puede parecerse al yacimiento de Rujm el Hiri, en los Altos del Golán. Para obtener una opinión profesional, el dueño de esta propiedad se puso en contacto con un arqueólogo jubilado, quien finalmente concluyó que el lugar debía ser un sitio ritual paleoindio. Cabe mencionar que los análisis de datación determinaron que el monumento se remonta al 10.470 a.C. Sabiendo esto, ¿fue acertado el experto en su evaluación, o se permitió llegar a esa conclusión ya que, en su mente, no había otra explicación lógica?

¿Se sabía que los paleoindígenas erigían círculos de piedra hace 12.500 años? La verdad es que no. Además, ¿por qué iban a hacerlo? Tal tarea habría contradicho su forma de vida. Sabemos que los paleoamericanos vivían en pequeños grupos de veinte a sesenta individuos y se sabe que se desplazaban de un lugar a otro a medida que se agotaban los recursos preferidos y se buscaban nuevos suministros.

Estos pequeños grupos familiares se desplazaban cada pocos días y se sabe que viajaban hasta 200 millas por año.

En otras palabras, suponer que los paleoindios tenían tiempo para construir círculos de piedra estando siempre en movimiento sería inconcebible.

Sin embargo, si no son los paleoindios, ¿quién más podría haber erigido estos círculos de piedra en Norteamérica hace tanto tiempo? ¿Es posible que los del haplogrupo X (los que Platón llamaba atlantes) sean los responsables de estas estructuras circulares, o podría el pueblo Clovis, otro "grupo paleoindio ligeramente diferente", como lo etiquetaron los antropólogos, tener algo que ver con esa tradición? Si es así, ¿quiénes eran los Clovis y cómo encajan en el panorama general?

Los arqueólogos de hoy dirán que los Clovis fueron una cultura prehistórica paleoamericana, conocida principalmente por sus distintas herramientas de piedra y proyectiles. También se sabe que se comportaban de forma diferente a otros paleoamericanos. No dependían exclusivamente de la megafauna para subsistir, y empleaban una

Conclusión: Cuanto Más Sabemos

estrategia de caza mixta que incluía caza menor, animales acuáticos y una variedad de flora.

Aparte de estas características obvias, sin embargo, los expertos siguen debatiendo quiénes eran estas personas, de dónde venían hace 11.500 años y por qué desaparecieron tres o cuatro siglos después. Aunque algunos antropólogos sugirieron que los Clovis podrían haber emigrado en última instancia a Sudamérica, la falta de artefactos Clovis en Sudamérica no apoya tal suposición.

Aunque otros expertos también sugirieron en el pasado que los Clovis podrían ser los antepasados de la mayoría de los pueblos indígenas de América, otros no tardan en señalar que se sabe que los paleoamericanos habitaron América del Norte mucho antes de que aparecieran los Clovis. Cabe mencionar que una vez que se encontró la tecnología Clovis en América, los investigadores también buscaron rastros de ella en Siberia y otros lugares donde los antropólogos creían que se originaron los primeros americanos. Sin embargo, nunca se encontraron rastros de la tecnología Clovis en estos lugares. Estos hallazgos, o mejor aún, la falta de pruebas que apoyen la idea de que los Clovis emigraron a América a través del Estrecho de Bering, llevaron a la mayoría de los expertos de la corriente principal a concluir que la tecnología Clovis debía ser una invención americana. Se trata de las mismas personas, por supuesto, que insisten en proteger el statu quo y siguen aferrándose a la hipótesis original del Estrecho de Bering, a pesar de que las pruebas recientes

Conclusión: Cuanto Más Sabemos

apuntan no sólo a una, sino posiblemente a dos migraciones transatlánticas durante nuestra prehistoria. Como hicieron en el pasado, siguen ignorando que la hipótesis solutreana original, que proponía una migración a América a través del Atlántico, se basaba principalmente en el hecho de que había claras similitudes entre las tecnologías líticas solutreanas europeas y las americanas de Clovis.

¿Deberían los antropólogos, quizás, en un escenario migratorio diferente, haber considerado más la hipótesis solutreana?

Como todos sabemos hoy en día, la sugerencia fue principalmente desechada ya que la corriente académica de los años 70 no creía que la navegación por el Atlántico fuera posible al final de la última Edad de Hielo. En consecuencia, optaron por la hipótesis del estrecho de Bering.

Lamentablemente, la comunidad científica no sólo desestimó el testimonio de Platón de que "el Atlántico era navegable en aquella época", sino que subestimó groseramente que una civilización prehistórica pudiera haber cruzado el Atlántico hace 11.500 años. Incluso más tarde, durante la década de 1980, cuando el ADN permitió a los científicos seguir las migraciones de varios haplogrupos por todo el mundo, siguieron sin ver las pistas que se les presentaban. No vieron las huellas que el haplogrupo X dejaba atrás, como migas de pan, en cada parada en una isla desde Europa hasta América del Norte. Incluso

Conclusión: Cuanto Más Sabemos

entonces, con todas las pruebas científicas presentes, la mayoría de los antropólogos siguieron ignorando lo evidente y optaron por seguir aferrándose a la hipótesis del estrecho de Bering. Pero, por desgracia para ellos, recientes estudios de ADN vuelven a validar la afirmación de Platón de que la migración tuvo lugar por el Atlántico y a base de saltos de isla.

Entonces, ¿existe una relación entre las herramientas de piedra europeas de Solutrean y las americanas de Clovis?

Por supuesto que la hay. En primer lugar, cuando se analizan los artefactos de los dos uno al lado del otro, ambos parecen idénticos.

Además, si se tiene en cuenta que la cultura y la tecnología solutreanas han existido durante varios milenios, a diferencia de los clovis americanos, que aparecieron y desaparecieron 400 años más tarde, se apunta claramente a la posibilidad de que la tecnología solutreana fuera introducida brevemente en las Américas por un pequeño grupo de emigrantes que, en última instancia, a lo largo de cuatro siglos, se asimiló a otros grupos locales.

Teniendo en cuenta todo esto, sabiendo que la llegada del haplogrupo X a Norteamérica hace 11.500 años coincidió con la aparición de Clovis, y cuando los atlantes, según Platón, llegaron al Nuevo Mundo, ¿es posible aceptar que existe una relación entre estos tres grupos? Por supuesto que la hay. Todos los indicios apuntan a que

Conclusión: Cuanto Más Sabemos

los Clovis, aquellos a los que Platón se refirió como atlantes, y los que trajeron el haplogrupo X a Norteamérica, los tres parecen ser el mismo pueblo.

Llegaron a Norteamérica hace unos 11.500 años y, junto con sus genes, trajeron consigo su tecnología lítica y otros oficios. Las puntas Clovis se fabricaron durante cuatro siglos más y luego desaparecieron. También lo hizo la cultura que las creó. Si no emigraron a Sudamérica, como algunos sugieren, ¿a dónde desaparecieron? ¿Qué ocurrió con ellas?

Como estos emigrantes se dividieron en grupos separados y se asentaron en diferentes zonas ecológicas, al final todos se integraron en su entorno particular.

Y aunque por un momento parece que estos pueblos llegaron y se fueron en un abrir y cerrar de ojos, su contribución al Nuevo Mundo puede ser más significativa de lo que creemos. Dado que la agricultura en América del Norte comenzó durante el noveno milenio a.C., y poco después de la aparición de estos habitantes de Oriente Medio, es concebible aceptar que estos primeros agricultores neolíticos podrían haber introducido realmente las habilidades agrícolas en las poblaciones locales y, por tanto, ayudar a encender la agricultura en las Américas.

Sin embargo, ¿qué ocurre con las estructuras prehistóricas y los círculos de piedra encontrados en América del

Conclusión: Cuanto Más Sabemos

Norte? ¿Es posible que algunas de ellas, y en particular las que datan de entre 10.000 y 3.000 años antes de Cristo, pertenezcan al mismo grupo de personas del Neolítico? Por supuesto, es posible. Sin embargo, hasta que no se realicen análisis adicionales, será imposible saberlo.

Lo mismo ocurre con el hallazgo en el Estrecho de Mackinac. Hasta que nuevas investigaciones saquen a la luz más pruebas sobre el yacimiento y se analice más a fondo el círculo de piedras del fondo del lago, sólo podemos especular sobre quién lo construyó.

En conclusión, muchas pruebas e indicios establecen hoy que la civilización mediterránea de 11.000 años de antigüedad que Platón dijo que era capaz de llegar a América del Norte a través del salto de isla ya no es una hipótesis descabellada.

Además, el hecho de que las pruebas genéticas y otras evidencias nos ayuden a identificar mejor a estas personas y a rastrear su paradero debería convertir la declaración de Platón sobre la Atlántida en un testamento que podría ayudar a responder a muchas de las preguntas sin respuesta de nuestra historia, o a los acontecimientos "inexplicables", por no hablar de los artefactos "misteriosos".

Uno de esos artefactos que desconcertó a arqueólogos e historiadores durante más de un siglo fue el disco de Faistos. Luigi Pernier descubrió este disco de 15 centímetros

Conclusión: Cuanto Más Sabemos

de diámetro en 1908 y le dio el nombre del lugar donde se encontró, el Palacio de Faistos, en la isla de Creta. Aunque todavía no se puede verificar su antigüedad de forma concluyente, algunos arqueólogos estiman que podría tener unos 4.000 años. ¿Es posible que sea un artefacto más antiguo? Sin duda, es una posibilidad. Si el disco -como especulan algunos arqueólogos- fue creado durante el periodo minoico, ¿por qué los símbolos que contiene no coinciden con ningún otro de ese periodo?

Además, ¿por qué un disco con caracteres extraños que no tenían sentido para sus cuidadores se guardó cuidadosamente bajo el palacio de Faistos y, de entre todos los lugares, en la celda principal de un depósito subterráneo del templo?

Estas celdas tipo sótano sólo eran accesibles desde arriba, y se encontraron selladas con una fina capa de yeso. Irónicamente, dentro de la misma celda, y a sólo unos centímetros del disco, los arqueólogos descubrieron otra tablilla que tenía inscrita la lengua comúnmente utilizada en la época.

¿Podría ser el disco un "souvenir" de los viajes de los minoicos a otras tierras exóticas, como el Nuevo Mundo, por ejemplo? ¿O es posible que el disco de Phaistos fuera salvaguardado porque pertenecía a una civilización protominoica y era un artefacto antiguo del propio pasado de los minoicos?

Conclusión: Cuanto Más Sabemos

Si es así, sobre todo teniendo en cuenta que estudios recientes han demostrado que los minoicos surgieron de la misma cultura proto-minoica que ya vivía en la super-isla desde hacía 10.000 años, entonces los símbolos del disco podrían ser perfectamente una lengua proto-minoica, perteneciente a la misma civilización a la que Platón se refirió como Atlántida.

www.ingramcontent.com/pod-product-compliance
Lightning Source LLC
Chambersburg PA
CBHW072018070526
44583CB00015B/1538